日本理想未来図

効率的な政府、公平な政治

医師 **中川智和**
NAKAGAWA Tomokazu

文芸社

はじめに

　日本ってどんな国だろう。

　綺麗、真面目、手堅い、優しい、協調性がある、群れる傾向があり、孤立することを恐れる、変わった人を嫌う、チャレンジ精神があまりない、人の目を気にする、年取った人が権力持ちすぎ、なんだかんだ男優位、意外と階級社会で世襲が多い、劇的に物事が変わらない、夢がない、などだろうか。日本についての印象は、人によって意見が違うと思う。

　そうは言っても、世界の国と比べると、比較的自由で、穏やかで、綺麗でみんなこつこつと真面目に暮らしていて住みやすい国だろうか。

　ただ、自分の意見を強く言い、ほかの人と違う行動をし、同調しないと集団から排除されがちで、孤立を感じることがある社会かもしれない。

　自分独自の夢を持ち、思い切ったことをしようとすると、やや反感を買う雰囲気と、不文律の部分も含めた同調圧力が何となくある、硬直した社会システムもあるだろうか。

　今の日本社会を見ると、各人は、もちろん一生懸命に目の前の日々の生活をしていると思う。

　でも、社会の仕組みとしては、これは日本に限らないと思うが、不合理、不平等な部分が多くないだろうか。

　あるいはそういった矛盾に気づかず、日々の生活に精一杯かもしれない。

　社会の変化を試みず、現在の社会を統制している側の人々や、海外のアメリカや中国などの大国に、国民の知らないところで成果が搾取されていて、いろいろなところで多くのことを日本社会は失っているようにも私には思える。

でも、そういった社会の大きな矛盾をどうやったら変えられるかがわからず、変えてみようとすることをあきらめ、ついには文句を言う気力さえなく、ただ日々の暮らしに埋没してしまっている人が多いようにも思う。

　日本はこのように、世間の雰囲気に任せて、政治家などが国民から嫌われることを恐れずに決断するということをせず、大国や一部の老人たちに忖度（そんたく）して、筋が通った合理的な判断ができない漂流する国のままでいいのだろうか。

　社会の仕組みや人の気持ちを変える方法はいろいろあるだろう。技術革新、人に感動を与える芸術や芸能やスポーツ、哲学や宗教的な精神的なものによる安寧、祭り、ボランティアなど。

　でも、そういった精神的なものは各人の考えや感情による部分が多く、国民共通の規範や法律により規定することはできない。各個人の思想信条の自由など、精神的なものは、国家がどうこう言うものではない。

　ただ、多くの人の生活に共通する仕組みを、実利的、効率的、物質的に、より良いと思われるものに変えることはできる。

　それが可能なのは、納得のいく方法で権力を国民から委託された政府による合理的な政治だ。

　政治というのは、生活に影響を与える非常に重要なものだ。為政者を適当に選んで、政治が適当に行われることであっては断じてならない。

　私は病院の院長で、日々の診療をする以外に、病院経営をする上で役所と折衝する機会もある。

　そうすると、何かをしようとするといろいろな決まりや規制が多く、かつ私たち民間病院から見ると、折衝するべき役所の

窓口がいくつもありすぎる。

　医療関係では、市、広域連合、保健所や県、国（厚生労働省や財務省）などの関連する役所が多く、許可をもらい何かをしようとする場合に、いろいろなところと折衝をしなくてはならず、非効率と思えることが多い。

　同じような内容についていくつかの役所に説明に行き、了承を得なくてはならない。例えば、
「個々の部屋の大きさはこちらで承認しますが、施設の使用方法の適否は違う役所の判断になります」などと管轄分野が分かれていて、どこの了解を得たらいいのかさえ明確ではないことがある。

　このような不合理な部分を担当の役人に言ってみると、当たり前だが「決まりでそうなっている、上（の組織）がそう言っている」となる。

　法治国家なので、どんな不合理、非効率的な決まりや法律でも従わなくてはならないことはわかっている。

　しかし、本来"法律がこうだからこうすべき"といった場合、"こうすべき"の結論が不合理ならば、法律や決まりの方を変えるべきだ。

　（どこの国でもそうかもしれないが、）日本では社会が硬直していて、このルールを変えることが本当に難しい。一回決めたことを変えるのに莫大なエネルギーを要する。

　役人は日常業務でそういった不合理な点に一番気がつく立場であり、本来、声を上げていくべきなのだろうとは思う。

　しかし、役人は法や決まりに従って仕事をするのに日々追われ、法やルールを変えるのは莫大な労力が必要となるだろうから、担当役人にそれを求めるのは酷だ。

　本当は、我々国民が不合理と感じた時に声を上げず、アク

ションを起こさずにあきらめてしまっていることが問題なのだ。

　現在の役所の仕組みやルールで得をしている人たちは、おかしいと思ったとしても現状を変えるのを望まないかもしれない。

　決して得をしていない人たちも、多くの人が、周りに忖度し、突出することを避け、面倒くさがり、不合理な世の中と"戦う"ことをあきらめてしまっている。国が進んでいく上で、根本的にはそれが一番問題なのだ。

　一般の国民が現状を変えるために、政治家になるという直接的な行動は、時間的、経済的、精神的など様々な理由で難しい。仕事をしながらとなると、なおさらだ。

　私も言うだけでなく実践するために、医師をしながら何のバックもなく、まずは一人の状態から地元の市長選に出て落ちたが、時間、金、精神的肉体的エネルギーを使って本当に疲れる。

　したがって、一般的には選挙で民意を示すという間接的な方法が、現在の民主主義では一番取りうる方法だ。

　しかし、後述するように、選挙だけではなく、国民の意見を広く拾う役所というのが本来必要だ。

　政策ごとに賛成、反対を表明すべきだが、今はそれができないので、総合的に判断して一番ましな人を選ぶことしかしていない。

　選挙による民意は、ほんの一部を反映しているに過ぎない。本来、誰を選ぶかというよりも、政策の内容のそれぞれについて国民が賛成や反対、意見を示すことができる仕組みが必要だ。

　私は、医師になる前はNTT（旧電電公社）に勤務していた。

　開業医となる前に、NTT社員や勤務医をしていた頃は、日々の仕事に忙殺されていて、社会の仕組みや政治についてはあまり深く考えていなかった。

　選挙はすべて投票していたが、若い頃は「まあ穏当な自民党に入れておけば間違いないだろう」くらいの考えだった。

　しかし年齢を重ねると、日本の現状について、おかしなことに気づき、日本ってこのままでいいのかと疑問が大きくなってくる。誰かがその矛盾を解決するために明確な指針を示すこともない。

　例外的に、大阪都構想の橋下徹氏が合理的な意見を言う共感できる政治家だろうか。彼にはぜひ国政のリーダーになってほしいと今でも個人的に思っている。

　社会システムが不合理で非効率的だと、個人レベルでいくら頑張っても報われない。今の日本には統治機構、外交などでこのような、国レベルでの不合理による大きな損失があるように思える。

　今の日本はどんな位置づけだろう。

　今まで世界的には技術大国だと思っていたが、中国、韓国やインドなどに追いつかれたり、すでに抜かれたりしている。

　その他の国にも技術だけではなく、社会制度や豊かさなどのいろいろな点で抜かれていくのではないかと思う。

　なぜ日本は昔の輝きを失い、失速していっているのだろうか。

　今回、ここ10年くらいで、たくさんの本を読み、日々思ってきた日本の構造的な矛盾点と、こういった国になったらいいのにという考えをまとめた。

　核問題、日米同盟、皇室制度、宗教法人への課税、被差別部

落問題、税金、社会保障などの、日本では若干話すのがタブー視され、非難されるだろう論点にも、思うとおりに忖度なく書いた。

労力と時間とお金をかけ、乾坤一擲の覚悟で自分の思うことを率直に書いた。

日本では、現状の社会の不合理を述べ、改革を叫ぶと、政治的には"左翼""左がかっている"などとレッテルが貼られる。

逆に、日本が好きで日本万歳的なことや、戦争のことを言うと"右翼"と言われる。

以前から、いわゆる"右""左"や"保守""革新"は曖昧な言葉だと思っていた。

"右"は現在の国家体制維持、"左"は現在の国家体制批判及び改革という意味なのだろうか。また、現状容認が"保守"で、変えることを"革新"というのだろうか。

例えば、自民党は一般的には"右"で保守、共産党は"左"で革新と言われるが、そうだろうか。

多くの人が現状で肯定できる合理的なことは維持し、矛盾があれば変えるのが当たり前だ。必要なら憲法も変えるべきで、変えるか否かの議論をいまだにしている日本は、本当に情けない。どんな考えを持つにしても、愛国心を持ち、日本が良くなる方向に動かす姿勢が大事だ。

逆に、どんな考えを持っていようが、外国の代弁者とか、日本を貶めることを正義だと勘違いする人たちは日本のリーダーとしては必要ない。

為政者は、今の世界情勢においては、愛国心を持っていることが1つの大事な条件で、その上で保守、革新、右、左、など思う方向に行けばいい。

ただ、ここで言う"愛国心"とは、日本国民（将来的には世

界国民となることを願っているが）の幸福に対する気持ちであって、戦前の国体護持とか、合理性のない精神論による盲目的な日本礼賛ではない。

　私が理想と考える日本とは、安心で効率的な国の骨格（戦争をしない仕組み、効率的な統治機構、領土編成による効率的な国土利用、多様な移民の受け入れ）を持ち、公平で合理的な国の運用（個人が尊重され、人生において公平なスタートを切れ、平等な競争）があり、社会的にたとえ敗者となってもセーフティーネットで保障される仕組みがある国だ。

　現在、日本の政治で国民の雰囲気を支配している２大固定概念、「アメリカについていけば大丈夫」と、「とりあえず自民党支持」を、そろそろ考え直し、"日本人による日本人のための社会の仕組み"を考えるべきだ。

　いろいろな忖度や固定概念をいったん振り払い、自分の頭で本当にいいと思う仕組みを考え、作り上げる。そうでないと結果的に多くの国民が報われない社会になってしまう。

　今こそ"現代の士農工商、幕藩体制"を打ち破り、合理的で効率的でセーフティーネットが行き届いた新しい日本を作り上げていくべき時だ。

　日本が平和で安心で効率的な国の骨格を作り、公平で合理的なシステムを作るための私なりの提案を、これから書いていきたい。

　今の日本でこれを読むと、ある部分は現実離れした実現不可能な案に思うかもしれない。

　日本人は日和見で、保守的で現状維持を選ぶ傾向がある。

　しかし、戦国時代の終わり、大政奉還や明治維新、そして戦後と、今こそ決起し、やらなければと考え必死になった時に

は、多くの国民が「私」を削って「公」のために力を注ぎ、変化してきた。

　問題は、今が明治維新や戦後のような転換期であるのか否かだ。

　IT技術、核兵器と、ここ100年で世界を変える大きな技術変化が起きている。日本はこの節目に対応し、今後も改善する方向に変わり、進化していかなくてはならない。

　今、残念ながら日本の世界における相対的な影響力は落ちてきている。

　経済的に強く、世界第2位の経済力を持っていた時は、ほかの政治力や軍事力が劣っていても、国際的にそれなりの影響力があった。

　しかし、頼みの経済力は世界で相対的に落ちてきて、相変わらず政治力、軍事力、外交力など、経済以外の重要な分野では落第点を取り続けている。

　このままでは、いずれ世界で何の特色もない、米中などの大国の顔色を窺いながら、国益に沿った決断を自らができる可能性が少ない、漂流する国になっていくだろう。

　他律的で自立性もなく、それに伴い国益上いろいろなことが整合性のない、合理的ではない国に徐々になっていくだろう。

　だからこそ今、国柄を変えるくらいの変革が必要だ。

　日本は、経済のみに注力し、国としての哲学や合理性の追求をせず、現状維持を選択し続けている。

　日本が覚醒し、みんなが努力をしたら報われ、頑張っても夢破れた時には国が最低限の保障をする、そんな当たり前の国になってほしい。

　今までのように現状維持を是とし、理想を追求するのをあきらめている政治から、ダイナミックに合理的な国を目指す政治

へと、何としても方向転換したい。

　今、日本は大きく変わるべきだ。根本的に変わるために、国名を変えるくらいの覚悟で国民は決起してほしい。

　いきなりだが、国名を日本から「大和国」に変えることを提案したい（ちなみに、今後この本を読んでいると、特に国名、国歌、首都名、領土などの私論では突拍子がなく、また、核保有、中立国、皇室の法人化などは極論的で、変わった人と思われるかもしれませんが、私は基本的に今までは自民党、日本維新の会支持で、どちらかというと多数派的で、政治的には極端な立ち位置ではないと思っています。とにかく最後まで読んでください。お願いします）。

「大和」はご存じのように日本の昔の国名だ。もともと奈良の国を「ヤマト」と言っていた。中国での日本の呼び名である「倭の国」が「大倭国」となり、さらに「大和国」と変化した。合わさって、「大和」と書いて「ヤマト」と呼ぶようになった。「ヤマト」というと、古臭く、国粋的なイメージがあるかもしれない。しかし、私は、日本の原風景を懐古主義的に思い、偏狭な民族主義的な気持ちで国名変更の提案をしているのではない。

　日本人自らが国益を純粋に論じ、実行できる仕組みを構築したいと思っている。

　外国の力や脅しに屈しない、論理的で正々堂々と行動を起こす国になってほしい。自らの足で立ち、自らの頭で考え、実行し、運命を切り開く国になってほしい。

　これから述べる「安心で効率的な国の骨格」を、大きな国柄という意味で漢字1文字で「大」、「公平で効率的なシステム」と「セーフティーネット」の両方に関して合理的で調和がとれ

るという意味で「和」という漢字1文字で表し、併せて「大和」とした。

「日本」の意味である「ひのもと」というのは、地球と太陽の関係からいうと世界中どこでも「ひのもと」と言えるため、主観的な命名だ。だから、日本を一語で表すと、「日」よりも「和」が適切な漢字だと思う。

ほかに、日本の国土を、後述する理由で北の大きな島である樺太に着目し、列島の地理的な利用の効率性を考え、首都も東京よりも北の新天地に移転することも提案する。

樺太から九州までの大きな島々の地理的な重心として、かつ、人や物が密集しておらずに今後の発展の可能性が大きい、新しい日本の首都の位置を考えたい。

後述するように、岩手県の奥州市あたりが適切な場所なのではないかと思い、遷都することを提案したい。奥州市を中心とした現在40万人くらいが住んでいる地域を、新しい政治の中心地とする。

新首都名は、合理的で効率的で公平で優しい正しい光を放つという意味を込めて「正光都」としたい。

国旗は、今の「日の丸」はシンプルで「大きな和」であり、何よりもかっこいいのでそのままでいいと思う。

国歌は後述するように、私は、天皇は憲法で規定する特別な位置づけというよりは、皇室全体の法人化が望ましいと考えているので、『君が代』ではなく、例えば甲子園の『(ああ) 栄冠は君に輝く』のような、勢いがあり希望が満ち溢れるような曲にして、歌詞を国歌らしく変えるのがいいと思う。

『君が代』は、確かに海外での生活が長い時に聞くと、日本を思う気持ちになり、恐らく多くの日本人にも根づいた国歌だろう。

ただ、国歌としてはちょっとスローテンポで、スポーツとか

の国際舞台で、これからやるぞという時に勢いがつかない曲とも思うが、どうだろう。

やや脱線し、蛇足的な話もしたが、正義や正論が通り、強く自立し、すべての国民が公平、平等、自由で安心できる合理的な国になるようにと、情熱をこめてこの本を書いた。

先入観や、外国の介入なく、日本人自らが、自分達にとって効率的な政府をつくり、公平な政治が行えることを願い、この本のタイトルを『日本理想未来図』とした。

本当に真剣に、長い間考えて、この本を書いた。

日本が今後、長きにわたり戦争がない国になってほしい。みんなが能力を発揮でき、努力が報われる、安心できる国になってほしい。

私が理想と考える日本論なので、異論や新たな論が各人に、当然あると思う。

それでいいのだ。今までのように、評論家的な立場で、他人任せの政治では、この国に新しい風は吹かず、合理的な方向に向かわない。

あきらめと固定概念と忖度で日本を語るのではなく、各人が理想の日本を考え、意見を言い、みんなでより良い日本を作っていくという気概がなくては、日本の未来はみすぼらしいものになる。

簡単なことだ。より多くの人が、この本を含む様々な意見を読んで、否定し、肯定し、考え、口に出し、議論し、行動する。それこそが、現状維持で変化を望んでいないように見える今の冷めた日本を、合理的な方向に変える熱い一歩になるのだと思う。

「日本国」を、日本人にとって理想的な「大和国」へ――。

目次

第 1 部

安心で効率的な国の骨格

　国の成り立ちとしては、ハード（骨格）とソフト（運用）が
しっかりしていなくてはならない。
　まだ世界的には国という概念が1つのまとまりであり、世界
政府のようなものは実在していない。
　日本という国があり、その中で住む以上、国が国内的にも、
対外的にもしっかりとし、国民が安心して暮らせなくてはなら
ない。
　国として確固たるハード（骨格）が必要だ。

　国として一番大事なことは、戦争をしないことだ。これはす
べてに優先すべき最重要事項だろう。
　そのほかには、統治機構がしっかりしていること、生活基盤
となる産業がしっかりしていること、国土がしっかりしている
こと、国民が移民を含め、多様性があり協力できる体制である
ことなどが重要になる。
　ここでは国のハードについて意見を述べる。

第1章
戦争をしない

　第二次世界大戦の日本の悲劇はなぜ起こったのか。

　その総括はできたのか。

　名もなき普通の生活を送っていた国民が徴兵され、なぜ死ななくてはならなかったのか。

　国の存亡をかけた場面でやむを得ず、多くの国民が合意をした上で、覚悟を決めて決起した不可避な選択の結果だったと言えるのか。

　国が独善的な外交によって追い込まれ、合理的な判断ではない一部の指導者のみの短絡的な判断で戦争に突入したのではなかったか。

　多くの人々がインパール作戦や多くの玉砕の地で、理不尽な死に方をしなくてはならなかったのはなぜなのか。

　悲劇的な結果を招いたのは、みんなが合理的と思われる判断に基づいて納得した上で覚悟を決めて行動したとは言えなかったからではないか。

　国民の意志として、より合理的な判断を行えず、何となく国家全体が根拠のない勢いのままに、蛮勇をもって漂流したことが悲劇を呼んだ原因なのではないか。

　一部の人間が非合理的で根拠なき蛮勇を、勇ましさと勘違いした結果なのではないか。

　しかも指導者たちは安全な場所にいて、危険な局面に立たず、戦後も多くの国民を死に追いやったことに対する総括を行わず、責任を取らなかったのではないか。

　多くの国民が、その時に世の中を支配した軍部や憲兵などに対し、反戦的なことを言えない雰囲気にのまれ、自らの考えを言わずに間違った流れに従ってしまったのではないか――。

　日本の忖度同調文化は強固なものがある。現代でも同じ場面になったら、多くの人がその流れに抗しきれないのではないか。

　だからこそ、国民が一人ではなく多くの声とともに自分の意見を表明する仕組みが必要なのだ。それが後述する"国民府"の考えだ。

　靖国神社には多くの戦没者が祀られ、硫黄島の滑走路の下には多くの戦死した日本人の遺骨が今も取り残されたままという。

　私は東京に行くと、靖国神社に手を合わせに行くことがある。

　現代の日本国、日本人は、戦争に駆り出され、亡くなった名もなき方々に対して思いを寄せなくてはならない。

　戦前の日本は、物事を合理的に判断していく政治体制ではなかった。

　国民から合理的に選ばれたわけではない一部のエリート集団が、自国の実力を客観的に把握できず、あるいは直視せず、精神論で判断し、戦争へと突入し敗れ、大きく国の進路を間違えた。

　組織、法律による政治体制の正当な構築がなく、少数の指導層による人為的な判断が多かったことが敗戦の原因だ。

　今後、先の大戦に戦い敗れた悲劇を再び繰り返さないように、できるだけ合理的で自由民主的な国の仕組みを作り上げる努力を精一杯しなくてはならない。

　そういった、法律、組織、政治家の選び方などの国の仕組みを作ることが大事だ。

　それをしなくては、多くの先祖がまさしく無駄死にしたことになってしまう。

　戦争で死んでいった多くの日本人のおかげで、私たちは今平和な日本で生きている。

　二度と戦争を起こさない仕組みを作る義務が、先祖及び子孫に対して我々にはある。

　日本国民はそのような仕組みを作り、英霊に、

「合理性のない戦いに引きずり込まれ、死に至ったこと、本当に残念でなりません。どれだけ寂しく悔しく無念だったでしょう。しかし、今後同じことを起こさない仕組みを子孫である我々で作ったのでそこは何とか安心し、眠ってください。これをもって何とか少しでも安らかになってください」

　と報告するべきだ。

　靖国神社論争の一番大事な点は、いつも歴史問題でもめる中国や朝鮮半島などの人々との関係ではない。

　また、宗教法人だから政教分離に反し、国として関与できないというのなら、神社でなく戦没者慰霊財団などにすればよいし、それが無理なら、別にそのような施設を作ればよい。

　それよりも、現代の我々日本人が一番すべきことは、多くの人に不幸な結果を及ぼした、日本人の曖昧さ、成り行き任せによる非合理な決断とその悲劇的な結果に対する反省と、改善の決意と行動なのだ。

　再び曖昧な政治体制で非合理な判断を行うことがない仕組み

を構築することができているのか、という問題なのだ。

　日本は、多くの国民を戦争に動員し命を奪った原因を追及し、反省し、改善し、より合理的な判断をできる社会の仕組みを作らなくてはならない。合理的な思考判断ができる人材を作り出していかなくてはならない。

　戦後の今の日本は、戦前の独善的な国家観に引きずられた反省によるものかもしれないが、逆に国家の信念を持とうとせず、危うい。

　何を国の成り立ちの基本にするのかということが曖昧だ。

　それは、戦前のような国体だとか大和魂ではない。

　より合理的な統治機構を持ち、より合理的な思考を持つ人物をリーダーとして選び、自立して正義と合理性のある判断で堂々と進む国になることだ。

　政治的には戦後の成り行きでアメリカについていき、経済優先で進んできた。

　今の日本は戦前よりも、むしろ国家としての信念が曖昧である上に、戦前と変わらず、雰囲気に引きずられやすい部分が残る。

　国民一人一人が自らの頭で考えず、忖度と他人任せで、国としてその場しのぎの選択をしてきていないだろうか。

　物事の判断というのは、時間を巻き戻せないので、その時に最適だと考えることを決め、覚悟を持って選択をし、実行するしかない。

　うまくいかなかった場合は、原因を考え、次の選択に生かしていくことだ。

　わからないこと、あるいは決断することにより非難されるのを恐れ、国民にとって最善と思う判断を先延ばしにするのは、

決して国家のためにならない。

　決めないことを、極端に走らず、穏便な判断をする日本的な悪くない判断なのだと考えることは、合理的ではない。

　非難を恐れ、結果に対して責任の所在を曖昧にして、雰囲気で流れ、その場しのぎで国家意志がなく、勇気を持った判断をせず、問題を先送りしている。

　曖昧で芯のない、漂流する成り行き任せの態度と言える。

　覚悟を決めて判断し、結果としてうまくいかなかった時にはその原因を明確にし、反省し、次回に生かすということをしていかなくてはならない。

　日本は過ちを再び繰り返さないためにも、合理的と思うことを覚悟し、決断し、実行していく仕組みと人材を持ち、自立した国にならなくてはならない。

　そういう判断を国民がその時々でしっかりとしていかなければ、また雰囲気に流され、悲劇的で不本意な結果を招くことになりかねない。

　国にとって一番大事なのは、戦争をしないということだ。

　現在の国際情勢で、日本が戦争をしないためにはどうすれば一番いいのかを、現実的、合理的に、他国を頼らず自分たちで考えていかなくてはならない。

　戦争をしないために、日本は日米同盟に頼ってきた。

　それは、たとえると、ドラえもん（アメリカ）に守ってもらっているのび太みたいなものだ。中国、ロシアなどはジャイアン、韓国や北朝鮮はスネ夫といった感じだ。

　そのため、日本はほとんどのことでアメリカの後ろをついていっている、本来の独立国とは程遠い子分気質に凝り固まった情けない国になってしまっている。

　戦後、国防に労力と経費を割かずに経済活動に注力し、一時は世界で2番目の経済大国になったという事実を見れば、結果的には必ずしも間違った選択ではなかったのかもしれない。

　しかし現在、経済的にいろいろな国に追い迫られ、中国には抜かれた。また、頼みのアメリカも、中国の経済、政治、軍事、科学技術の各分野の台頭で、絶対的な優位とは言えなくなってきた。

　軍事力、政治力がなくても、日本はアメリカの後ろ盾と強い経済力で国際的な発言力を持ち、存在感があったが、今では国際的に存在感が薄く、発言力は弱くなってきているように思う。

　さて、このような世界情勢で、今後、日本はどうしたら戦争に巻き込まれないのだろうか。

　戦争をしないためには、今までのようにどこかの国に頼って、政治、軍事に無関心で経済活動だけを主にやっておけばいいのか。

　私はそうは思わない。冷戦があり、自由民主主義のアメリカが同盟国で、まだましだっただけで、自国の運命を他国に委ねているのは、国の存立としては本来危うい。

　今までの日本はアメリカという国の腰巾着として振る舞い、もちろん国民の努力はあったが、経済的にたまたまいいポジションにいることができたにすぎない。

　今、世界の国のリーダーの中で、第二次世界大戦を経験した人がほぼいなくなってきている。

　第二次世界大戦は1945年に終結したので、その時10歳くらいの人が何とか戦争の悲惨さを経験していたとすると、2020年の今では、85歳以上の人が戦争の実際の経験者とな

る。

　世界のリーダーで、トランプ、バイデン、習近平、プーチン、菅首相、金正恩など、みんな大戦の実体験はない。

　戦争を経験した人は、その悲惨さを嫌というほど経験しているために、戦争を政治的な駆け引きとして口に出すことはあっても、実際にもう一回やろうとは思わないのではないか。

　戦争の悲惨さを実際に経験していない強気のリーダーが多くなった時に、最終手段として戦争（武力）で他国を威圧し、自国のエゴを通す選択をすることもあり得るのではないか。

　習近平、プーチン、金正恩のような鼻息の荒い、他国を威圧することをいとわないリーダーを見ていると、そんな気がする。

　こういった最終手段として戦争を考える時代になったとすると、そういった人たちが信じるのは腕力、つまり軍事力ではないか。

　私は、逆説的かもしれないが、このような現在の世界で戦争に巻き込まれないためには、まずは日本は国防力を強力にし、手出しをさせないようにするべきなのだと思う。

　泥棒も、今の日本のように腕力のない金持ちの家ならともかく、武装していて堅固な家には入りづらいに違いない。

　日本は今よりも腕力をつける必要がある。日本の周りには、他国を牽制（けんせい）しつつ、自国は国防力を増し、核を保有している国が多い。

　このような国に囲まれ、今日本に一番欠けているものは国防力、究極的には核だ。

　本来、すべての国が戦力を持たないのが理想だが、実際はそうではない。

　よって、やむを得ない選択だが、日本には核保有が必要と考える。

　もちろん、それだけでは十分ではない。今の自衛隊は国防を実行する上で縛りがあり、他国のような国防軍になっていない。

　例えば敵地攻撃ができない。自衛隊を、他国の軍隊が国防のために行っていることと同様のことが行える、本来の国軍として位置づけなくては、国防をしっかりと行えない。

　その上で、十分な兵力を維持するためには、後述するように、徴兵制が必要となる。

　さらに、国際情報の収集の充実だ。すべての外交交渉は、情報をより多く持っている方が有利だろう。

　相手の手の内を知るため、また、自国の手の内を知られないために、日本にはインテリジェンス機関の充実も必要だ。

　日本は米中などの大国のように、多くの子分国を引き連れて、多少おかしなことでも周りを力で黙らせるような国ではないし、なれない。

　正義と論理を武器にして戦わなくてはならない。大義と論理性で多くの国が納得せざるを得ない選択をし、問題が起きた時にはより多くの国が日本を支持してもらえるような、論理的な判断ができる合理的な社会システムを持った国にならなくてはならない。

　さらに留意しなければならないのは、いくら自国が戦争をしないように努力をしても、同盟国が戦争に巻き込まれたら引きずり込まれる可能性があるということだ。

　アメリカ、中国、ロシア、北朝鮮などのように、敵の多い国のどれかと同盟関係があると、敵対国との戦争に巻き込まれる

可能性が高くなる。

　今までのように、圧倒的に軍事、経済、政治で強かったアメリカについていくのなら、他国に委ねるという国としてのリスクがあるものの、まあ1つの選択だったのかもしれない。

　しかし、アメリカに対して中国という新たな大国が出てきた。

　今の世界情勢では、敵が多い国（米、中、ロ、北朝鮮など）と同盟を組むと、それらの国の戦争に巻き込まれる可能性があるので、これらの国と軍事同盟を結ぶというのは、日本にとって今後決して得策とは言えない。

　今後は、アメリカ、中国の2大国に加え、ロシア、ヨーロッパ、インド、中近東諸国、東南アジア、朝鮮半島などの様々な国や地域のパワーバランスを考えていかなくてはならない。

　したがって、どことも軍事同盟を結ばない中立国となることが一番国益に合った選択になると考える。

　といっても、軍事的には中立になっても、経済的、文化的、政治的な同盟は結ぶべきだ。

　これは、米中ロのような国とでもいいと思うが、この3国は強国で覇権的であり、自分の縄張りを増やそうという意志が強い国のため、軍事力以外でもどこかに一方的に肩入れするというのは、結局軍事同盟的な関係に引きずり込まれる。

　後述するが、敵対関係が少なく、地政学的に日本が非軍事的な同盟を結ぶのにふさわしい国々は、軍事色が強い大国とは一線を画す太平洋諸島の国々だと思う。

　さらに、日本独自に、あるいは周囲国等との非軍事的な同盟を結ぶこと以外で、国際的に重要なのはやはり国連だ。

　国際的な議論を行い、合意を得て判断をしていく組織として

は、今は頼りなく機能不全気味だが、残念ながら国連しかない。

日米同盟を破棄して中立国を選択すると、国際社会で国連は日本にとって重要な組織となり、もっと関与していかなくてはならない。

今よりも、より中立的で公正で実行力を持つ国連にするための改革は必ず必要となる。そのための準備をしていかなくてはならない。

特定の国が理不尽な力を持ち、国際社会の公正な判断を妨げることがないような国連にしなくてはならない。

そのためには、安全保障理事会での常任理事国という特権的な存在と、その拒否権の廃止が必要だ。

現在の安保常任理事国5か国が国連で力を持ちすぎているために、国連が機能不全になっている。

ほかに、日本人の国連職員の増員や、国単位の議決から、各国から出された"国連議員"による採決方式の採用へ、さらに日本に対する敵国条項の削除などを、他の国々と協力して実現し、国連を改革していかなくてはならない。

戦争が起きる時には原因がある。

資源、領土、経済制裁、宗教、同盟国の戦争に巻き込まれるなどだ。

日本は宗教問題で戦争をすることはまずないだろう。

中国と東シナ海での資源問題や領土問題、北朝鮮に対する経済制裁、ロシアや韓国との領土問題、アメリカ（と中ロ）や台湾（と中国）や韓国（と北朝鮮）の戦争に巻き込まれる、などの可能性が考えられる。

中国には、共産主義体制の維持などにより、チベット、香

港、内モンゴル、ウイグル、台湾などでの民族問題、人権問題を含めた多くの内政、外交問題がある。

　ロシアもその領土拡張主義と大国意識の強さにより、ウクライナ、その他多くの周辺国との問題を抱えている。

　北朝鮮は、その独裁体制により、極端な判断をする可能性がある。国民への食糧の供給などよりも、ミサイルを撃って国の内外を威嚇し武器を売り、独裁体制を維持しようとするのも、日本のような自由民主主義国家からすると予測困難で不安定要素だ。

　これらの国は、融和や譲歩よりも、軍事力の優位性により相手を見極める国だ。

　日本はこれらの国とは、今までは「話せばわかる」という幻想のもと、譲歩を重ねてきている。

　自由民主主義で友好国であるアメリカといえども、日本は自国の運命を他国に委ねるべきではない。

　自分で自国を守る気概がなくては、独立国として国益を追求することはできない。

　今まで述べたように、日本は、核保有、自衛隊の国軍化、インテリジェンスの充実などを行っていくべきだ。

　また、アメリカ、中国、台湾、韓国、北朝鮮などの戦争に巻き込まれないためには、どことも軍事同盟を結ぶべきではなく、中立国を選択するべきだ。

　よって、今後の国際情勢を考えると、日本が戦争に巻き込まれないためには、核を保有し、中立国となることだ。

　あとは国際的な話し合いの場である国連の改革が必要だ。

　今までのように、自分が武装しなければ攻めてこないだろうという憲法9条、アメリカが守ってくれるに違いないと考える

日米同盟などの他力本願の選択よりも、自立自決することが有効な選択だと考える。

　実現するには困難を伴うが、日本は覚悟を決めなくてはならない。

　そもそも自国の運命を、他国が攻めてこないことを前提にし、攻めてきた時には他国に運命を委ねていること自体が根本的なリスクだ。

　自らの運命は自らで決し、その結果を納得して受け入れなくてはならない。

1. 核保有

　日本は戦争をしない、というよりもしかけられない、巻き込まれないために核保有をするべきだと述べた。

　核保有は技術的には可能との意見が多い。核保有以外でも後述するエネルギー自給率の点で原子力発電は必要と考えるため、日本の原子力技術の維持発展はいずれにせよ必要と考える。

　日本が核保有するためには、技術的なこと以外の課題の方が大きいだろう。

　まずは核被爆国日本の核アレルギーだ。東日本大震災の記憶も新しく、原子力に対する忌避感が強いのは当然だ。

　それはよく理解できる。日本の政治家で核保有を主張する人は皆無ではないだろうか。国民やマスコミの猛反発を受け、選挙に落ちるからだ。

　私も日本は核保有をすべきだと、ある大物政治家に主張する機会があったが、とんでもないと怒り気味に強く否定された。

　しかし、このような重要なことを議論さえしないというのは、国としておかしい。

　日本以外の周囲の民族（ロシア、漢、朝鮮）は核を保有している。日本の安全保障を突き詰めて考えると、すべての国が核放棄するか、日本も核保有するかのどちらかしか本来選択肢はないのではないだろうか。

　すべての国が核放棄することは長年進展せず、近未来的にはほぼ不可能なのではないか。日本は不本意ながら核保有するしか自国を守る方法はないのではないだろうか。

　あるいは、日本が核保有したら、周囲の国全体にも核を放棄しようという機運が高まることがあるのかもしれない。そうなれば本来それがいい。

　本当に国を守ろうと思ったら、他国を当てにすることが適切だろうか。

　日本が日米安保などでアメリカに従属し、中、韓、北朝鮮に戦後80年近く経っても領土問題、歴史問題などで揺さぶられ、ロシアに領土問題などで相手にされないのも、日本にあるのは経済力のみで、政治的、軍事的にアメリカに従属し、独力での解決能力がないからだ。

　国際的にはアメリカに言えば、子分の日本はそれに従うと思われている。

　数年単位の短期的には現状でもいいのかもしれないが、数十年単位以上で見ると、自立していない国は国益を追求できなくなるのは当然の帰結ではないだろうか。

　そうしたくはないが、核保有は一番の戦争抑止になるし、すべての面で政治的発言力が格段に増すのではないか。

　国民の核保有への拒否感は十分理解できるし、核保有の意見は猛反発を受けるだろう。

　しかし、日本の長期にわたる国益を突き詰めて考えた時に、それ以外の解決策があるのだろうか。

　今は猛反発を受けても、核保有は数十年後には日本の国益に合致したものになると信じる。

　もちろん国際政治上、核保有は簡単なことではないだろう。日本以外の国は日本に核を持ってほしくないからだ。

　中国、ロシア、韓国、北朝鮮のみならず、友好国であるアメ

リカだって持ってほしくないと思っているはずだ。

　各国にとって一番いいのは、自国のみが核を持ち、他国が持たないことだ。今持っている国はしょうがないとしても、これ以上増やしたくないというのが本音だろう。

　核を持つと、外交的発言力が増し、軍事的な面で核保有国とは互角となり、非核保有国に対しては優位になる。

　日本の自主外交力、国際的影響力が増す。軍事同盟を結ばなくてもスーパーパワーとなり、戦争に巻き込まれにくくなる。

　単独核保有になると、他国からの攻撃を抑止でき、結果として戦争防止となる。

　独裁国北朝鮮が、あれだけ自国民の食糧が不足し、国際的に制裁や非難を受けても核保有をあきらめないのは、体制保持のために当然の選択なのかもしれない。

　北朝鮮から見ると、日米韓は敵であり、中ロは覇権主義で、自分たちがいつ実質的な属国のようになるかもしれないと思っているだろう。

　核保有がそれらの心配を払拭する、彼らなりの1つの解答なのだろう。

　現在、核保有国と思われている国は9か国だと言われている。

　その各国の核保有数は、アメリカ、ロシアは数千発、イギリス、フランス、中国は数百発、インド、パキスタン、イスラエルは約百発、北朝鮮は10発くらいと推定されている。

　あとは、イラン、シリア、ミャンマーなどが核兵器の開発をしていると考えられている。そのほかにも極秘に核開発をしている国があるかもしれない。

　日本の周りでは、アメリカ、中国、北朝鮮、ロシアとすべて

の民族が核を保有している。

　北朝鮮と韓国が統一された時には、日本の隣に核を持った反日統一国家ができる。

　これでアメリカの後ろ盾が頼りにならなくなったら、日本は反日核保有国に囲まれ、経済的にソコソコ豊かな腕力のない国という立ち位置になる。

　そんな状況になったら、シビアな力関係の国際社会では、軍事以外の経済、政治、文化などでの発言力も間違いなく低下していくのではないか。

　そうならないためにも、少なくとも周りの国と同等以上の軍事力を持って自立した国家にならなくてはならない。

「核を落とされた国だから核保有なんてとんでもない」と言う人がいる。

　感情的には理解できるが、現実にはそんな綺麗事で国際社会は動いていない。

　核を持っていないよりも、持っていた方が核を落とされない可能性は高くなるだろう。

　核を落とされた日本だからこそ、より核を落とされないように冷徹に考え、実行するべきだ。

　理想論はもちろん大事だが、一国だけで綺麗事を言っていても誰も耳を傾けてはくれない。

　現実的な選択をする国際政治は、残念ながら腕力勝負の部分が多く、日本も理想を持ちつつ現実的に対応しなくてはならない。

　正論や理想論は、本来一番尊重されるべきであり、実際交渉時には力にもなるが、国際政治では戦う上での1つの武器にすぎない。

　数学を解くように正論が正解とはならず、その時々の力関係により結果が決まっていく。

　日本は現実的には、核保有をしなくては、いずれこの地域での生存権が脅かされていくのではないだろうか。

　それでは、日本は核保有できるのだろうか。

　核保有論議は今までもされてきた。今までの議論では、「憲法的には違反ではない」（1973年、田中首相）、「自衛のための必要最小限を超えない限り、核保有は可能」（2002年、安倍官房副長官）などの見解があった。

　核分裂による原子爆弾は、技術的には、「核武装は技術的に可能」（1991年、宮澤元首相）、「3年で核武装可能」（2001年、内閣府高官）、「小型核爆弾試作には3〜5年かかる」（2006年、産経新聞による政府内部文書）などの見解があった。

　財政面では、国際NGOの「核兵器廃絶国際キャンペーン（ICAN）」によると、各国の核開発費用が、アメリカの年間354億ドル〜北朝鮮6億ドルで、中国、イギリス、ロシア、フランスの4か国が104〜48億ドルなので、9か国の合計が730億ドル（約7.8兆円）である。

　これらのデータからすると、日本で核開発すると、その費用は年間大体100億ドル（1兆円）くらいとなる。「今までも、財政的にもそれほど難問ではない」（1991年、宮澤首相）、「製造は1発1億円」（2004年、中曽根元首相）との話があった。

　ミサイル300基、専用の駆逐艦、潜水艦30隻の運用で年間1兆円、などとの話もある。

　核ミサイル搭載潜水艦は、アメリカ、ロシア、中国、イギリ

ス、フランス、インドが保有していると思われている。

　これらの話をまとめると、日本は、技術的には3年で核保有可能、3兆円の開発費、年間1兆円の維持費という感じになるだろう。

　もちろん、実際に持つまでにはそのほかにもたくさんの課題がある。

　国際政治的には、米中ロの同意が得にくい。国連安保理では、1か国、例えば米の同意が得られれば、対日制裁決議案が否決される。

　次に、核兵器不拡散条約（NPT）での了承が必要だ。無理なら脱退も考えなくてはならない。

　そのほかにも課題はある。国民の理解が得られるか、つまり、核保有すること自体の可否、非核三原則の放棄などに賛成が得られるかなどだ。

　起爆装置、臨界前核実験、複数回の核実験の可否、核実験の場所の確保などの課題もある。

　離島でやるとしても、環境への影響が甚大だ。

　さらに、核融合による水素爆弾も保有すべきかなどの課題がある。

　自前で持つのが国際的に理解を得ることが難しく、実験を行うことも難しいのならば、私は選びたくないが、例えば、中立国となることをあきらめ、NATO加入で核シェアリングをするという考えもある。

　アメリカが所有する核を国内に置き、その国が使用権限を持つという方法で、現在はベルギー、ドイツ、イタリア、オランダで実施されている。

さらに、核保有により、非友好的な周囲の国と対峙する時には、真剣に考えるならば、核シェルターの普及も必要なのかもしれない。

2014年の日本核シェルター協会の発表によると、人口あたりの核シェルターの普及率がアメリカ82%、ロシア78%、イギリス67%、シンガポール54%などなのに比べ、日本の普及率は0.02%とほぼないに等しい。

米、英、ロ、シンガポールなどの危機感に比べ、ほかの重要課題と同様に、日本はこの問題でも危機感が少ない。

ちなみに、家庭用核シェルターは、小型なら200万円＋工事費、避難施設型なら1000万円＋工事費でできるようだ。

日本というのは、核の問題でもアメリカに守られているように見える、自立していない国である。

自らの立ち位置を認識し、対策を考えるという独立国としては当たり前のことを真剣に検討せず、自らの運命を他国に委ねてきた。

国防上、非常に危険な状況にある。

感情論や理想論ではなく、冷静に日本の周りを見回せば、日本が戦争をしないために、自立して国益を追求するために、核保有をするべきだ。

偽善的で、国防に対していいかげんで、真剣に日本のことを考えていない人々の意見や、外国の日本つぶしの論調に惑わされずに、日本人は自分の頭で考え、自らの運命を自らで決定する選択をしていかなくてはならない。

国防という、国にとって非常に大事な問題について、核保有の可否という本来核心的な議論を俎上に載せること自体をタブーとし、国民的な議論を行おうともしないとしたら、日本は

課題を正面から見据えて解決しようとしない情けない国だ。

　日本は、核保有について堂々と国民的な論議を尽くすべきだ。

　どういう結果になろうとも、少なくとも議論するのが当然ではないか。

2.　国軍の創設

　日本は国防に関しては、独立国としては十分な体制ではない。

　一般的な国軍に比べ自衛隊には制約が多い、有事立法が十分でない、自衛隊員の身分保障が十分でないなどの問題があり、いざというときに対応できない法体系になっている。

　危機管理として、また、他国への牽制の意味でも、こういうことを曖昧にせず、国として逃げずに決めておくべきだ。

（1）　自衛隊から国軍へ

　現在、日本の国防は自衛隊が担っている。在日米軍もいるが、本当に国防という点で、国民が信頼できるのは自衛隊だ。

　自衛隊は一般の国でいう国軍と異なる点がある。それは、憲法9条2項で「一切の戦力の保持を禁じている」ので、固有の自衛権以外は持てないことだ。

　日本に対する急迫不正の侵害があった時に、これを排除することだけが認められている。つまり、攻撃された時にそれに対抗して攻撃を避けることが許されているだけだ。

　攻撃することがわかっている国に対しても、先に攻撃することはできない。

　例えば、日本に対し悪意がある国が攻撃をしようとしたときに、その準備している敵の基地を攻撃できない。攻撃した国に対しても、海外に出ていって反撃することも許されていない。集団的自衛権も認められていない。

　実際にはPKOなどによる海外派遣を行っているが、そのような時は特別な法律を作って国会の承認を得ている。

　他国の軍隊は、「やってはいけない」ネガリストだが、自衛隊は「やってもいい」ポジリストで動いている。これでは戦えない。

　真剣に国防を考えたときに、こんなことで国を守れると思う人がいるだろうか。

　こんな金縛りのような状態で国を守れるのか、国益に合っているのだろうか。

　悪意のある国に対しても敵地攻撃さえできない軍隊なんて、国防上あり得ないのではないか。

　日本の自衛隊なのに、敵を利する法律で縛りつけられている。

　日本が大戦の敗戦国だから、国際的な圧力によりこうなっているのか。

　周りの国はそういう過去の日本の非を言い続け、自国に有利な情勢にしようとするのは、ある意味当然なのだろうと思う。

　日本は、自らの改革ではなく、戦後のアメリカなどの外圧の結果ではあるものの、民主主義国家を実現してきたことこそが、大戦に対する一番の反省と改善の証なのではないか。

　日本は戦後、敗戦国のハンデに対して、是々非々の議論をして、自国を自衛できる体制を整えるような必死の外交努力をしてきたのだろうか。

　戦後75年以上経っても、独立国としての自衛権さえ確立することができていないのだとしたら、政治は国民に対する責任を果たしていないのではないか。

　日本を守るのは日本人たる我々で、アメリカなどの他国では

ない。

　少なくとも共産党独裁に近く、決して自由民主主義とは言えない中国共産党、金家世襲の独裁国家北朝鮮、政権の反対勢力が逮捕され不審な死もあると言われる恐怖政治国家ロシア、その他多くの発展途上の非自由民主的な体制の国々よりも、より戦争を起こさない仕組みを作ってきたのではないか。

　今現在、少数の人間によって決断実行をする、つまり戦争も起こしやすい体制を持っている中国、北朝鮮、ロシアなどの国々に、現代の日本がどうこう言われる筋合いはない。

　例えば、日本が香港やウイグルなどに対する人権侵害を非難すると、中国は戦時中の日本の南京事件に言及する。

　今の倫理観で、戦時中の軍国主義であった日本の行為に言及し、現代のウイグルでの虐殺をとやかく言うなというのは全くおかしな論理だ。

　南京事件での死亡人数は発言者により様々な数字があるのはさておき、日本は敗戦の結果、現在の自由民主主義の国となった。

　今まで述べたように周囲の雰囲気を忖度する危うい部分は残しているが、共産党一党独裁の中国のような、言論の圧迫や異民族の同化政策などが今の日本で行われていたら大ニュースとなり、隠し通すことなどはできまい。

　誰が見ても現代の日本は、中国よりも虐殺や戦争を起こす可能性は低いと言えるだろう。

　外圧とはいえ、戦後自由民主主義となり、人権侵害などが起きにくい体制を作ってきた日本は、今の中国の香港やウイグルなどでの人権侵害を非難することができるし、するべきだ。

　いつまでも75年以上前のことを人質にとって、現代の非道を黙って見ていろという中国は、力をつけてきたこともあるの

だろうが、成金的、独善的で傲慢だ。

　日本の政治体制はもっと合理的なものとする余地があるものの、大戦の反省の結果として自由民主主義国家となり、謝罪や賠償金などと領地放棄を含めた対外的な反省と責任はとってきたと思う。

　もう日本は、自国の国益に合った合理的な体制を築くことに向かうべきだ。いつまでも卑屈な従属国家であっては国が亡びる。

　日本は国防を貫徹するという目的のためには、迎撃システムなどの専守防衛だけでは十分ではない。

　攻撃的防衛も取り入れないと、より技術と資金が莫大にかかってしまうし、そもそも国を守りきれない。

　撃ってきたミサイルを撃ち落とすよりは、撃ってきたらこっちも撃ち返す、あるいは撃ちそうなところを先制攻撃するという方が、技術的にもコスト的にも抑止という点でよっぽど効果的で安価だ。

　攻撃された時にそれに対抗した攻撃しかできず、しかも海外で攻撃できないなどという国防の在り方は馬鹿げている。

　こんな状況を喜ぶのは、周りの反日国家及びそれに同調する非愛国者と日本に高い防衛システムを売りこむ国だけで、日本にとっては何のメリットもない。

　日本は、ある少数の法的な裏付けのない独裁的な人間ではなく、民主主義による、法的に権限を託された人間と組織が決定する、確固とした自由民主主義の政治体制を整えることに全力を尽くす。具体的には、後述するような統治機構により、徹底した自由民主主義体制を守る。

　その上でチェックをきちんと行い、上記のような制約のある

自衛隊ではなく、周囲の国と同等の国軍を創設して、自衛のための先制攻撃、海外攻撃、中立国にならないのなら集団的自衛権も行使できる普通の軍隊にならなくては国を守れない。

国軍となると、海外派兵も可能となり、今のままの日米同盟下では、アメリカ軍に代わって東アジア、東南アジアの安全保障行動をさせられる可能性が出てくるが、それをやっては絶対にいけない。

日本国軍はあくまでも日本の国防のためであり、地域の覇権のために使うべきものではない。

よって、日本を守るという本来の目的の実行のみを行うために、国軍創設と核保有が可能となった時点で、次項で説明するように日米同盟から中立国への選択が必要になる。

(2) 国家緊急権の確立

戦争、災害、疫病など、国家の平和、独立、公衆衛生を脅かす緊急事態に対して、憲法秩序を一時停止し、一部の機関（ここでは立法行政府〈後述〉となるであろう）に大幅な権限を与える非常措置である「国家緊急権」が日本では確立されていない。

戦争を考えるということ自体が戦後の日本ではタブー視されてきたため、戦争などを前提とした法律や仕組みがない。

戦争を前提にするのかという、いつもながらの非生産的な入り口論議を主張するグループがいて話が進んでこなかった。

日本は、国が究極の状態となるケースについての有事法案が曖昧で不十分で法的根拠がないため、外国からすると、法的に国防力を発揮することができないので攻めやすいと考えられてしまう。

　もちろん、戦争がない方がいいと、ほとんどの人が思っている。

　しかし、相手国があり、自国のみで決められないことに関しては、政治家は最悪のシナリオも考えて備えなくてはならない。

　政治的問題に限らず、課題に対して最悪の事態を想定し、それに対処できるように備えることが必要だ。

　自国がしたくなくても戦争をしかけられ、あるいは戦争をするぞという姿勢で日本に譲歩を迫るということがあり得る。

　中国などは、尖閣諸島の海警局の武装化などの例を見ても、紛争の時には武力を行使できることを想定して法体系や組織を整えている。

　この論議の時に、「有事立法なんて戦争を前提にしている」「軍隊の取り決めなど憲法9条違反だ」などの日本の国防を真剣に考えない意見が出る。

　日本には、「戦争を起こす可能性を考えて法律を作るのはおかしい」「最悪のケースを考えない、考えたくない」という、偽善的な、日本のことを真剣に考えていない、あるいは他国の善意を前提とした楽観論を持つ人たちの意見が散見される。

　有事立法を考えないのは、厳しい現実から目を背けており、少なくとも国民の安全に責任を持つ政治家のとるべき姿勢ではない。

　そんな指導者がいるとしたら、無責任、偽善者、外国の肩を持つ人などだ。

　車に乗るのに、交通事故を考えたくないからと、車を頑丈にすることや、JAFや保険に入ることをあらかじめ考えるなんてとんでもないと考えるのと同じではないか。

　そんな無意味な入り口論で貴重な国会などでの議論時間、つまり税金を使わないでほしい。

　パフォーマンスや偽善ではなく、国益を考えた覚悟を持った議論をしなくてはだめだ。

　こういった無責任なことを言う人たちは、時として自国だけではコントロールできない戦争について、絶対に起こさないことを保障する自立的で合理的な代替案を示さなくてはならない。

　自衛隊法では、火薬類取締法、労働組合法、航空法、船舶法、電波法、道路運送法、消防法、麻薬取締法、医療法、土地収用法などの適用除外や、漁業漁場整備法、建築基準法、港湾法、森林法、道路法、海岸法、道路交通法、河川法の特例などが規定されている。

　また、平成15年6月6日、武力攻撃事態対処関連法により、道路、港湾などについての使用手続きが緩和された。

　しかし、ヘリコプターや飛行機の発着には制限があり、有事法制としてはまだ不十分だ。

　国家緊急権による、より効率的な有事立法の策定が必要と考える。

　繰り返すが、そのような法律がないと、他国への牽制が弱くなってしまう。

（3）軍人としての身分保障

　国防を担う軍人は、多くの国では民間人でも公務員でもない「軍人」という身分だ。

　つまり、国軍を持っている国の国民は民間人、公務員、軍人

という分類になる。

　日本では警察予備隊の流れのまま、自衛隊員は公務員という位置づけとなっている。

　戦闘行為で死者が出た時などは、日本では検察が自衛隊員を被疑者として、殺人罪で起訴し裁判所で審理するということになってしまう。

　戦闘行為などで、通常の民間人では様々な罪に問われる行為でも、軍人としての身分保障により、行為の正当化が保障される必要がある。

　そうでなければ国防のための戦闘などできはしないだろう。

　軍人は命を懸けて国を守ってくれる。今の自衛隊のように法的に"日陰者的な"扱いではなく、本来、感謝と尊敬の対象でなくてはならないはずだ。

　日本人は敗戦により自信をなくし、政治的、軍事的に国際舞台で積極的に力を持つことをいまだにためらっている。

　また、周囲の国々は、自国は軍事力を増強していながら、日本に対しては、いつまでも先の大戦の非を言い続けて持続的な圧力をかけ、政治的、軍事的に弱体化させておこうと試みている。

　その結果、日本は真の国防や核保有などに関する議論をしてはいけない雰囲気がある。

　日本は一体いつまで縮こまり、今のような自立しない、国益を論ずることができない国でいるのか。

　独立国として自国の国防を考えるのは当たり前だ。

　日本が核を持てず、国軍を持てないと言うのなら、米中ロ北朝鮮をはじめ、すべての国が同じように放棄すべきだ。

　現代の日本に対してとやかく言うのなら、その前に自国の非

民主的な体制、国軍、核保有を放棄してからだろう。

　放棄した国からなら言われてもまあ理解できるが、少なくとも、普通の国軍を持っている韓国を含め、周囲の反日的な国々から、今の日本がどうこう言われるのは全く根拠がなく、納得がいかない。

　自分たちの方がよっぽど非民主的な体制で自国民を、また、軍事力に頼って他国を圧迫しているではないか。

（4）軍法会議創設による規律確保

　軍隊には規律が必要だが、もちろん今の日本ではそれを保つ仕組みがない。

　例によって、日本は戦争をしないことを前提としているため、それらが存在していない。

　軍法会議も、憲法で特別裁判所を禁じているため開設できない。

　国軍の規律を保つためには、法律と、それをもとに裁く法廷が必要だ。

　例えば、武器を持っている軍人が略奪行為などを行った場合や、守秘義務を守らなかった場合、戦闘行為中に敵前逃亡した場合には厳しく罰せられるなどの規律が必要だ。

　国によっては、戦争状態での敵前逃亡には死刑がある。時には、上官がその場で射殺する即決銃殺刑もある。

　日本では、自衛隊法第122条により7年以下の懲役または禁錮である。

　武器を持っている戦闘部隊である軍隊には、必ず規律保持のために特別の法廷が必要となる。

　ほかの独立国が、自国を自分たちで守るために普通に行って

いることである。

　日本にもこの仕組みは必要だ。繰り返すが、こんなことさえ自分たちで判断し、創設できない国は独立国ではない。

(5)　徴兵制

　自分の国を自分たちで守ることは独立国なら当然で、守るためにはある一定の兵力が必要だ。

　日本には、自衛隊員が約25万人いる。在日米軍が6万人いるが、基本的に日本を守るためだけにいるわけではない。インド太平洋の治安維持のためにもいるので、日本の国防のための人数には数えられない。

　この自衛隊員25万人というのは適正人数なのだろうか。

　世界各国の兵力数を見ると、フランス24万人、ドイツ25万人、台湾29万人、タイ30万人、ベトナム49万人、韓国63万人、北朝鮮120万人、インド133万人、アメリカ157万人、中国230万人である。

　装備の近代化の度合いなどにもよると思うが、同じ先進国のフランスやドイツを参考にすると、日本の人口、領土の広さからいうと、最低50万人以上の兵量が必要なのではないかと推測する。

　世界的にみると、徴兵制を行っている国は、ロシア及びその周り（ロシア、カザフスタン、ウクライナ、ベラルーシ、フィンランド、スウェーデン、ノルウェーなど）、中国及びその周り（中国、モンゴル、ミャンマー、タイ、ラオス、ベトナム、インドネシア、北朝鮮、韓国など）、中近東・アフリカ北部、中南米、中立国（スイス、オーストリア）などの70か国以上である。

　志願制の国は、ヨーロッパ、北米、日本などの西側先進国、南アジア（インド、パキスタン、バングラデシュ）、周りにあまり敵のいない南半球（アフリカ南部、南米南部、オーストラリア、ニュージーランドなど）の80か国以上だ。

　対立している国同士の南アジアが徴兵制ではないのは意外だ。

　軍隊がない国もあり、ヨーロッパや太平洋諸島国のミニ国家（バチカン、モナコ、ソロモン諸島、パラオなど）、クーデターを恐れている中央アメリカのコスタリカ、ハイチ、ドミニカや、あるいはアメリカにより軍隊を解体されたグレナダ、パナマなどの30か国近くだ。

　世界の40％近くが徴兵制をとっている。中でもスイスやオーストリアのような中立国も、軍事同盟を持たないために、自ら守るため徴兵制を敷いている。

　徴兵制を敷いている国の兵役の期間は、オーストリアが6か月、韓国1年6か月～1年10か月、イラン1年5か月～2年、エジプト1～3年、イスラエル男3年女2年、北朝鮮男17年女10年などだ。極端な北朝鮮以外では、世界的に6か月から3年くらいだろうか。

　日本の兵隊の歴史は、7～8世紀は唐、新羅と敵対しており、1戸1人くらいの徴兵があったという。

　10世紀以降は武士による軍事独占だった。

　明治維新により、国民皆兵による徴兵制が敷かれた。

　敗戦により1945年11月17日に兵役法が廃止された。

　現在では徴兵制は憲法9条（戦力不保持）、18条（苦役からの自由）に違反するという説がある。

　実際1980年鈴木善幸内閣で、徴兵は憲法18条の苦役に当たり違憲と閣議決定されている。

　今後徴兵制を敷くとすると、憲法改正あるいは憲法解釈の変更が必要となるだろう。

　徴兵制の必要性としては、兵力確保という以外に、国民の国防意識を高めるということもある。
　国防は国民の義務という観点から、志願兵では全国民を代表しないという意見もある。
　しかし、一方で徴兵制を取る必要がないという意見もある。今後、兵器の機械化、自動化、無人化により、そもそもそれほど兵員数がいらなくなるかもしれない。
　武器の専門化により、短期の徴兵では軍の質が落ち、訓練に莫大な費用がかかるという意見もある。
　あとは、兵役に就く間、若者の学力、技術力、労働力、税収が落ち、全体として国力が落ちるかもしれない。
　志願兵に比べモチベーションが低いということも考えられる。
　徴兵制を行っている国では、職業軍人と違い、正当な賃金が払われないこともある。
　徴兵逃れのために、国籍変更や暴動が起きることもある。
　さらにイスラエル、マレーシア、ノルウェー、スウェーデン、北朝鮮などでは性暴力もあるといわれている。
　したがって、もちろん賃金を払うことと、性暴力などには特に厳罰に対処するという軍規律が必要になる。

　以上を踏まえ、日本が自国は自分たちで守ると考えるのならば、恐らく現在の自衛隊の志願兵のみでは十分ではなく、基本的には徴兵制は必要となるであろう。
　その時は、必要兵力数50万人とすると、今の20歳代は年度

毎に100万人の人口、世界各国の徴兵召集率は50％くらいのため、権利も義務も男女平等であるべきだと思うので、男女とも1年間の徴兵ということになる。

　適正年齢としては、体力面で20代がいいのではないか。20歳代で定員に満たない年の本人が希望する1年間が適当と考える。

　ただし、ドローンによる攻撃などの兵器の機械化、自動化、無人化が進み、兵力数がそれほど必要なくなった場合は、現在のような志願制で十分となることも考えられ、もちろんそうなる方が望ましい。

....

3.　インテリジェンス機関の創設

....

　日本が外交を行っていく上で欠けているのがインテリジェンス機関だ。

　日本にはアメリカの中央情報局（CIA）のような統合された効果的な組織がない。

　外交は、表の綺麗な世界だけでは成り立っていないだろう。

　一般国民が見ているのは、交渉の積み上げの結果としてのセレモニーに近いもので、それに至るまでには様々な情報と交渉が存在するだろう。

　その前段階の駆け引きの時に、情報を持っているか否かが決定的な違いとなることは想像に難くない。

　この情報を手に入れるのがインテリジェンス機関だ。

　日本が今後の国益を考え、中立国を目指すとすると、他国の情勢には今以上に慎重に情報収集し、的確な対応をしていかなくてはならない。

　今までのようにアメリカなどの西側から、十分ではないだろうがいくらかでも情報をもらえたのとは、情勢が異なってくる。

　自国で何とか情報収集をしなくてはならない。

　しかし今の日本には、多くの主要国が持っているような整備された情報収集組織がない。

　私のような一般国民にはわからないことではあるが、外交的な成果があまり得られない現状を見るに、日本は他国の情報をあまり知らないまま交渉を行っているのではないかとも思う。

　交渉事は、相手の情報を知っているほど有利なのは言うまで

もないだろう。

　カードゲームだって、相手の手の内を知っていれば勝負は簡単だ。

　主要な他国は効果的なインテリジェンス機関を持っており、それらで集めた情報も参考にした上で外交を行っている。

　日本は、ここ最近、領土交渉、国連安全保障理事会常任理事国入り、ジェット機国産開発、中国や韓国との歴史問題の解決、国際機関の人事など、日本の国益にとって重要で、国際的な折衝が必要となる案件で、多くの場合、成果を勝ち取れていないように思う。

　交渉にはいろいろな技術が必要だが、その中でも、いわゆる裏情報の収集がうまくいっていないのではないかと思う。

　戦前の日本は陸軍の特務機関のような強いインテリジェンス機関を持っていて、情報収集や工作を行っていた。

　非人道的な活動は行うべきではないが、国益に必要な情報収集は最低限行われるべきだ。

　交渉事だけではなく、例えば他国と対立した時に、裏情報を得ていない場合は相手の出方がわからないため、恐怖による過剰反応により、戦争のような極端な選択をしてしまうかもしれない。

　相手と自分を知っていたら、的確な判断ができ、過剰対応は減るであろう。

　したがって、インテリジェンス機関は、戦争回避という点でも重要なツールである。

　他国のインテリジェンス機関はどうなっているか。

　例えば、情報収集大国のアメリカにはCIAがある。

　大統領直属で2万人の職員がおり、様々な活動を行ってい

る。

　例えば親米政権の樹立工作、反米政権打倒、要人暗殺（ウサマ・ヴィン・ラディン、イランのガセム・ソレイマニ司令官など）、拷問（キューバのグァンタナモ米軍基地内など）、外国親米政党への資金提供、親米政治家育成、反米政党の弱体化、情報操作、サイバー攻撃などを行っているといわれている。

　日本の要人や組織とも関係が深く、CIAのコードネームを持っていた人として、緒方竹虎（コードネームpocapon、CIAは吉田茂の後継者に期待していたが病死）、正力松太郎（コードネームpodam、読売新聞社社長、日本テレビ設立、初代科学技術庁長官）、賀屋興宣（コードネームposonnet-1、近衛、東条内閣の大蔵大臣）などがいる。

　組織としては、読売新聞（コードネームpobulk）、警察庁（コードネームpodaub）、内閣調査室（コードネームpalnate）などがある。

　コードネームの有無は不明だが、CIAの協力者だったと思われている人物に、岸信介（サム・ハルバーン元CIA工作担当次官補佐官は「岸は米国の同盟者」と述べた）、佐藤栄作（CIAのRay Cline次官と親交）などがいる。

　親米の岸信介、佐藤栄作は長期政権、親米とは言えない日ソ共同宣言の鳩山一郎、日中国交正常化の田中角栄、沖縄基地移転を唱えた鳩山由紀夫は短命政権となったのは偶然だろうか。

　その他、親米と言われる中曽根康弘、小泉純一郎、安倍晋三各首相も長期政権となっている。

　偶然であることを願うが、アメリカに協力的だと長期政権になり、そうではないと短命政権になるとしたら、日本のリーダーが他国に間接的かもしれないがコントロールされているということになる。

　独立国の国民としては憂慮すべき状況だ。

　もしも、アメリカのみならず、中国、ロシアなどの強国に対して忖度なく、真に日本の国益を第一に考える日本のリーダーはどこかの海外強力勢力につぶされるのだとしたら、暗澹たる気分になる。

　日本はしっかりとしたインテリジェンス機関を持っておらず、国際情報戦に参加できていない。

　これも戦後、日本が真の独立国家になれていないことの一因ではないだろうか。

　アメリカに限らず、イギリス、ロシア、イスラエル、中国、ドイツ、北朝鮮、韓国、オーストラリア、パキスタンなど他国も、程度の差はあれインテリジェンス機関を持っている。

　インテリジェンス機関なんて、非合法的で卑怯で、日本としてはそういった裏情報を取るようなことや裏工作を行うべきではないと言う人がいるかもしれない。

　しかしそれでは、今までの核保有や徴兵制、有事立法などの議論と同じく、現実的には力関係で決まる国際社会で、日本が他国から後れを取ることになってしまう。

　日本国民の大きな不利益になっても非現実的な正義にこだわるのは国益に反する。

　核保有、軍事力保持、そしてこのインテリジェンス機関も今までの議論と同じだ。もちろん、我々一般国民が知らないだけで日本政府がきちんと手を打っていることを願っているが、日本の現状を見ると、残念ながらそれは考えづらい。

　国際社会がこれらの機関を放棄し、世界からなくなるのが理想だが、多くの国が実際には持っている現状では、少なくとも日本の命運に責任を持つ政治家などの指導者は国益を考え、これらを持つ決断をしなくてはならない。

　国の運命を左右する、存亡にかかわるような重要事項は、理想的な正義よりも現実的な合理を選択しなくてはならない。

　日本では、内閣に置かれる国家安全保障会議（NSC）、内閣官房に置かれる事務局の国家安全保障局、情報収集を行う内閣情報調査室が、国際テロ、サイバーセキュリティー、他国機関のカウンターインテリジェンスを担っている。

　ほかに、警察庁警備局（公安警察）、外務省国際情報統括官組織が国際テロ、防衛省情報本部がサイバー防衛、アメリカ軍対応、法務省刑事局公安課が出入国管理、公安調査庁が国内外の情報収集、海上保安庁警備救難部が救助救難情報、総務省が電波監視、厚生労働省が麻薬対策、財務省がマネーロンダリング、経済産業省が密貿易管理などをそれぞれ行っている。

　これだけ多くの組織が関与していると、情報の一元化と一貫した対策が取りづらい。

　これらを、例えば後述する立法行政府の外交部門に統合する必要がある。

　情報は多種多様なものを統合し、分析し、対策を取ってこそ、より意味を持ってくる。

　インテリジェンス組織の統合以外に、日本の課題として、オシント（オープンで合法的な）情報収集のみならず、ヒューミント（非合法的な）情報収集も行っていく必要があるということがある。

　そのときに、相手国の法を犯しても入手する必要があるかもしれない。

　それを法的、外交的に問われないようにフォローする仕組みが必要となる。

　また、若いうちから優秀なエージェントを海外派遣し、人脈の形成と言語の習得を行っていく必要もある。

　インテリジェンス機関に関しては、すべてを公の場で議論するというのは難しいと思う。

　後述するような、合理的、効率的な統治機構を構築し、かつ選挙制度で適切な為政者を選んだ上で、司法府などの判断により必要な秘密保持を行いながら国益優先の議論をし、決断することが必要だ。

　アラブ諸国との緊張状態にあり、常に国家の存亡をかけ判断しているイスラエルや、都市国家で資源がなく、為政者の判断次第で国運が左右されるシンガポールなどでも、すべての情報が公開されているわけではないだろうが、政府が非民主的、独裁的に暴走している印象はない。

　日本も国家機密の重要度によって、情報公開するか否かを調整する必要はあると思う。

　誰がいつどこでどのようなプロセスを経て判断するのかということについては、より合理的なシステムを作らなくてはいけない。

　この合理的、効率的な政治的統治システムについては後述する。

4. 中立主義国になる

　日本は、今まで述べてきたように、戦争を絶対にしないために、今の米中2大国などの国際情勢では、核保有、国軍化などの自衛手段を持った上で、中立国となることが一番合理的で国益に合った選択だと考える。

（1）日米関係の異常性

　日本の安全保障は、現在、とても国防上自立して自国の運命を自国で決定するという、独立国なら当たり前の仕組みにはなっていない。

　日米同盟によりアメリカの世界戦略に組み込まれており、運命をアメリカなど他国に握られている。

　日米安保条約によるアメリカへの依存というよりも、実質的なアメリカによる支配という部分がある。

　日米関係は、独立国同士としては異常な関係だ。

　例えば、現在、横田、岩国、嘉手納空域はアメリカ軍の管制下となっている。

　横田空域は、1都8県を覆う。東京、埼玉、栃木、群馬、新潟、神奈川、静岡、長野、山梨だが、たとえば東京でいえば、世田谷区・杉並区・練馬区（の西域）より西の地域が含まれる。

　1977年9月27日、横田空域内で米軍ファントム墜落により日本人死者2名、重軽症6名が出た。

　米軍パイロット2名は現場へ急行した自衛隊機で厚木基地に

運ばれ、アメリカに帰国した。

　事故原因などは日本側に公表されなかった。

　日本国内での事故なのに、原因さえ知らされないのでは、独立国とは言えない。

　アメリカ軍管制下の岩国空域は、山口県、愛媛県、広島県、島根県の4県、日本海上空から四国上空までを覆う。

　嘉手納ラプコン（嘉手納レーダー・アプローチ・コントロール）は、沖縄全域を覆い、米軍機の飛行計画が予定されていない場合のみ日本側は使用可能だ。

　日本の国土なのに、この3空域は日本が自由に使えない。

　どんな友好的な同盟国であれ、自国の制空権、管制権がないのでは、独立国とは思えない。

　まずは、横田、岩国、嘉手納空域の管制を米軍から取り戻し、自国の空は自国で自由に使えるという当たり前の状態にしなくてはならない。

　「日米合同委員会」の存在も異常だ。日米地位協定の運用協議会議だが、日本の法律を超越した存在になっており、不平等の固定化の原因となっている。

　メンバーは、日本側は官僚が中心で、外務省北米局長、法務省大臣官房長、農林水産省経営局長、防衛省地方協力局長、外務省北米局参事官、財務省大臣官房審議官である。

　一方、アメリカ側は軍人が中心で、在日米軍司令部副司令官、軍司令部第5部長、陸海空海兵参謀長と、唯一の文民である在日米大使館公使などだ。

　月2回隔週の木曜日に、旧日本軍の山王ホテル士官宿舎で、1946年にアメリカ軍が接収した南麻布にあるニュー山王ホテルなどで行われている。

　現在はアメリカ海軍が管理しており、施設内では英語、米ドルが使われている。

　1972年に、軍人メンバーが多い中、アメリカ側唯一の外交官である米国駐日公使スナイダーは、「アメリカ軍人が他国（日本）の官僚と直接協議をして指示を与えるような異常な関係はすぐにやめるべきだ」と発言した。

　当然の発言であり、いまだに米軍が日本の政府高官に指示を出すような場が残っているのは、独立国としては異常なことだ。

　日米合同委員会で在日米軍に対する日本側の一次裁判権の放棄が決められているなど、日本の法律の上に日米合同委員会、在日米軍がある。

　例えば以下のような取り決めや事件があった。

　1953年の会議で、日本の警察は基地の外であっても米軍の財産については捜査しない、となっている。

　1956年、飲酒した後の事件事故でも公務中とする、との取り決めがあり、アメリカが先に身柄拘束した場合には、身柄が引き渡されるのは検察庁の起訴より後であるため、日本側が十分な捜査ができない。

　1974年に、米兵が畜産飼料の草刈りをしていた伊江島住民を狙撃する事件があったが、公務中ということで、日本に裁判権がなかった。

　1975年、沖縄県牧港基地で六価クロムが検出されたが、日本側労働基準局が立ち入り検査できなかった。

　1995年、米軍海兵隊3名が12歳の女子小学生を拉致強姦した。裁判は日本側で行われたが、犯人は日本に引き渡されなかった。

　2004年、米軍ヘリが沖縄国際大学に墜落、米軍機事故の現

場は協定によりすべて米軍管轄地との拡大解釈によるものか、沖縄県警は全容解明ができなかった。

2008年、沖縄県で海兵隊の家族の少年が万引きをしたが、沖縄県警察の引き渡し要求を無視して、米国海兵隊憲兵隊が基地内に連行してしまった。

以上のような事件に関して、2005年から2013年の間、アメリカのAP通信が調べたところ、事件を起こした244人のうち、3分の2は刑を受けず、降格、不名誉除隊、罰金などの人事処分のみであったという。

何回でも言うが、日本って独立国なのだろうか。情けない。

そのほか、日本では、アメリカ軍に大使館以外の土地の管理権がある。ドイツ、イタリアではない。

自衛隊基地の多くで米軍優先の使用状態となっている。

例えば、1968年7月の日米政府協定について米側作成の「東富士演習場の解放に関する協定案」、「了解合意覚書」によると、静岡県富士演習区域は、年間最大270日は米軍優先という密約がある。

国防上、一番大切と思われる軍事に関して、日本の演習場を自国の自衛隊よりも外国であるアメリカ軍が優先で使うのはおかしい。

再度言うが、日本って独立国なのだろうか。

日本の為政者はアメリカにはモノ言えず従い、国民には合理的なプロセスと国益優先の施策を提示できずにいる。

日本が変わらなくては、安全保障や外交という国益に直結する分野で、いつまでたっても外国任せの自主性のない国のままになる。

このように、国際的な力学は必ずしも正義や法で規律されて

いるものではない。

　比較的友好と思われている日米関係でさえ、法や正義よりも、アメリカが日本を守ってやっているという"強者の論理"で、日米合同委員会のような法を超越したアメリカファーストの組織が存在してしまっている。

　日本とアメリカ以外の国、例えば反日的な国とでは、この関係はもっとシビアになるはずだ。

　だからこそ、日本は他国に国の運命を委ねず、核保有、国軍化により力を持ち、さらに中立国となり、強者に従わざるを得ない国とはならない自立した国にならなくてはならない。

　現実には力と戦略を持たないと、自立自決で生きてはいけない。

（2）中立主義国になる。米、中、ロ、EU、東南アジア　などとの全方位外交

　2021年の今、世界は米中2大国となり、中国の台頭とともに少なくとも政治的、軍事的には日米欧対中ロ北朝鮮という構図になっている。

　以前の東西冷戦の頃は、日本は欧米とは、自由民主主義という現在考えられる国民が一番幸せになると思われる価値観を共有していることと、さらに経済的に西側が圧倒的に優位だったために、アメリカを中心とした西側につくのは大局的には間違いではなかったのだと思う。

　今回の新対立では、中国は前回のソ連を中心とした東側と同様に、自由、民主の価値観では日米欧と異なる。

　しかし、かつてのソ連ほど秘密主義で、暗黒の強圧社会とは言えない部分もある。

　何といっても決定的に違うのは、経済的に中国が日米欧と拮抗しうるという点だ。

　日本にとって、中国が隣国というのも以前の冷戦構造よりも厄介なことだ。

　かつての冷戦時のソ連が一応隣国だったと言っても、首都モスクワは遠く、ヨーロッパに隣接した部分にあり、東西冷戦の最前線に日本がいたわけでもない。

　つまり、以前の東西冷戦よりも、より拮抗した勢力が日本のすぐ近くにある。

　中国が今後、東シナ海、沖縄、小笠原諸島などで、資源、漁業、安全保障のために太平洋進出を試みてくることは十分に考えられる。

　その時、経済的、軍事的に日米欧と拮抗するようになった中国に対して、アメリカが本気で日本を守るために立ち上がるだろうか。

　可能性は低いと考えるのが普通だろう。

　日米同盟の異常性でも述べたが、友好国と思われているアメリカでさえ、国益優先で日本と同盟を結び、日本を守ることを目的としているわけではない。

　少なくとも日本の国益、国防を考えるときに、そのような楽観論を前提として国家としての選択をするべきではない。

　今までのように、日本がアメリカにくっついていてうまくいくという道筋が、今後の日本には見えない。

　かといって、強圧的な共産党がコントロールしている中国と運命を共にするなんてことは、香港や台湾、チベット、ウイグルの例を見てもあり得ない。

　日本は東アジアに位置していることを考えると、今はお互いに仲が悪く、中国の力が強すぎるため短期的には難しいと思う

が、中長期で見ると、文化が近く距離も近い日本、中国、台湾、韓国、北朝鮮の5か国と地域で何らかの同盟を組むのが本来なのではないかと思う。しかし、現状では難しい。

　中国と同様に強圧的な警察国家のロシアも、西側的な自由民主の考えとは相いれない。

　以上のような今の情勢では、日本は軸足を欧米に置きながら、緩やかに中立の道を選ぶべきだと考える。

　その実現性はどのくらいあるのか。国際情勢は果たして許すのか。国益上、本当にその選択が有利なのか。

　まず、中立国とは何か。次の3種類がある。

　戦時中のみ宣言する戦時中立国、複数国の承認を得て辞める時も承認が必要な永世中立国（スイス、オーストリア、ラオス、トルクメニスタン）、自国のみが宣言する中立主義国（カンボジア、モルドバ、リヒテンシュタイン、コスタリカ）の3種類である。

　他国の侵攻により中立国ではなくなった国もある。

　ナチスドイツの侵攻によるベルギー、ベルギーの植民地となったコンゴ、ニカラグアによるホンジュラスなどがそうだ。

　中立国は、比較的緩衝的な立場で、経済的にも政治的にも日本ほど影響力がない国がなっているため、上記のように他国の侵略を受け、中立国の立場を放棄せざるを得ないことがある。

　国際法上、中立国は、交戦国と通商を行えるが、海上封鎖、臨検、戦時禁制品の没収等の、一定の干渉は受け入れなくてはならない。

　交戦国に物、金の援助を与えてはならない。

　領域を利用させてはならない（領海はやむを得ない）。

　武力行使は個別的自衛権のみ。軍事同盟に加入できない。

　ただし、援助義務を負わない政治的、経済的同盟や、積極的中立（どこの国に対しても非軍事的な援助を行う）や国連加盟は可能だ。ただし、軍事制裁や非軍事（経済）制裁も勧告なら拒否できるが、義務命令なら参加しなくてはならない。

　中立国は軍事的同盟を結ばないために、歴史的にみると軍事侵略を受けやすい。誰も助けてくれないからと思われる。
　しかも、領域を利用させてはならないため、排撃する、あるいは領域侵犯する気を起こさせないくらいの強力な武力の保有が必要だ。核保有をした中立国ならば、侵略を受ける可能性は低いと考える。
　それでも政治的、経済的な同盟をどことでも結べる。
　軍事的にはどこも敵視しないために、敵視されずに自立し、経済的に自由で繁栄した国を目指せるはずだ。
　そのためには、少なくとも侵略を受けずに領域侵入者を排撃する武力を持つことが必要だ。
　これまで述べてきたように、核を持ち、国軍を持った、軍事的にも強力な国となることが前提だ。
　日本は、戦争を起こさず、巻き込まれず、侵略されないために、中立主義国となることを選択するべきだ。

5.　太平洋諸島国との経済的政治的連合の形成

　日本が戦争をしないためのいろいろな施策を述べてきた。

　核保有、自衛可能な国軍の創設、インテリジェンス機関整備、中立国となるべきことなどを述べてきた。

　アメリカ、中国、ロシアなどの軍事大国とは、明らかな軍事同盟を結ぶべきではないことも述べた。

　どこと結んでもその他の国と対立することになるからだ。中立国となり、独立自決路線を歩むべきだ。

　では、日本はただ一国でどことも組まずに歩むべきだろうか。

　それは無理だろう。それができるほど大国ではない。

　自国だけで経済的、政治的にほとんど完結できる米中ほど、日本は人口、産業構造、領土の大きさから言っても大国ではない。

　世界の中で日本の国益を守ろうとすると、軍事的にではなく、経済的、政治的に賛同し、団結する仲間の集団が必要となるだろう。

　本来は文化的にも距離も近い中国、台湾、朝鮮半島と同盟を結ぶのが自然だとも思うが、現時点では仲が悪い国が多く、中国や北朝鮮が独裁的な強権国家のため難しい。

　世界地図を見ると、ヨーロッパ、アフリカ（特に北部）、中近東、ロシアの周り、インドの周り、中国の周り、朝鮮半島、中南米と、世界中でいがみ合っているきな臭い地域が多い。

　その中で、日本の周りで、日本が中立国となったときに集まるべきというか、集まれる可能性のある地域はどこだろう。

　どことも戦争をしないためには、軍事大国ではなく、どことも強い軍事同盟も結んでいない国々が望ましい。

　その答えは日本の周りでは、太平洋諸島国しかない。

　具体的に言うと、太平洋諸島フォーラム16か国などになる。

　それらは、オーストラリア、ニュージーランド、パプアニューギニア、フィジー、ソロモン諸島、バヌアツ、サモア、トンガ、クック諸島、ツバル、ニウエ、ミクロネシア連邦、キリバス、マーシャル諸島、パラオ、ナウルだ。

　そのほか、人口、文化、領土の大きさなどから、台湾、フィリピン、インドネシア、ブルネイの4か国も加えるべきだと考える。

　さらに、可能ならばマレーシア、シンガポール、ニューカレドニア（フランス領）、ポリネシア（フランス領）も加えた24か国（と地域）が対象となるだろう。

　この地域で今よりも政治的、経済的につながりを強くし、より一丸となる連合を組むことが日本の国益にかなう。

　太平洋諸島フォーラムの国は、オーストラリア、ニュージーランド以外は人口が100万人以下、産業も農業、漁業、鉱業などのモノカルチャー経済や出稼ぎが多く、経済成長率も2％台で国土面積もそれほど大きくない。

　しかし、領土面積に比べ平均50倍の広い海洋面積がある。

　何といっても国数が多いので、国際的な判断が必要なときの味方の数としては心強い。

　太平洋諸島フォーラムは、3地域に分かれる。

　3地域にはそれぞれ影響力がある国がある。

　メラネシアにはオーストラリア、ポリネシアにはニュージー

ランド、ミクロネシアにはアメリカである。

　太平洋諸島の国々には比較的親日的な国が多く、実際、日本の国連非常任理事国入りに際しては、常に支持を示してくれている。

　太平洋地域には台湾、フィリピン、オーストラリア、ニュージーランド（さらに可能ならばマレーシア、シンガポール）という経済、人口、領土面積、欧米との接点などで優位な国も多く含まれる。今後の成長を見込める国も多い。

　この地域に日本の影響力が及ぶのを嫌うであろうアメリカ、中国などの国々の横やりが入らなければ、この連合は一番可能性があり、効果的であると考える。

　中でも、ミクロネシアに関しては、アメリカとの合意が必須になろう。

　これら24か国だと、人口3.5億人となり、GNPは日本の約2倍、中国よりやや多く、アメリカやEUの60％くらいとなり、世界の中でそれなりに拮抗できる政治的、経済的集団となりうる。

　日本が中立国となり、かつ政治的、経済的に孤立しないためには、この太平洋諸島連合こそが選択されるべき同盟だと考える。

　その上で、欧米を中心とした自由民主主義国家と連携し、また中ロのような軍事的、政治大国とも是々非々の対応をしていく。

　この選択が、日本の将来の自立発展につながると考える。

6. 国連改革

　国際的に何か問題があり、解決しなくてはならない時の話し合いの場としては、今は国際連合しかないだろう。

　今の国際連合は、大国の思惑がぶつかりあい、組織としての問題が多い。

　組織構成及びその運営の問題もあり、機能しないことも多い。過度の期待ができない現状ではある。

　しかし、国際社会で今これに代わるものがない。新たな組織を作るよりも、現実的にはこれを改革していくしかないだろう。

　日本が中立国となり、軍事同盟を結ばないとすると、国際政治への発言力を維持し国益を守るためには国連改革が必要だ。

　国連で使用する言語が多すぎるのは、事務処理の効率性から問題がある。

　常任安保理事国に配慮しすぎて公用語が多すぎる。

　各国の事務処理などの効率性のためには、公用語を英語だけにした方がよい。

　さらに、世界各国の意見を民主的に反映させるためには、いびつな力を持ちすぎている安全保障理事会の常任理事国を廃止するべきだ。

　特に国際的な合意を、たった一国であっけなく覆すことができる拒否権を廃止する必要がある。

　いくら合意しようとしても、5か国のうちのたった1国が反対したら物事が進まないというのでは国際的な合意を得るのは

至難であり、非民主的、非合理的、非効率的だ。

　また、現在は、国連は国ごとに参加し採決を行っている。この方法だと国ごとの利害の主張が強すぎて物事がまとまらない。

　これを各国の人口や経済力などの国力に応じた投票数を持たせて、選挙で代議員を選ぶようにし、これらの代議員により採決を行う。

　つまり5か国にいびつな拒否権等の非民主的な特権を与えるのではなく、GNP、人口、国連拠出金などの国力に応じて議員数や投票数を割り当てるという方が、より国際世論を反映できるのではないか。

　その方が少なくとも今より、国ごとの利害に縛られ、結局結論が出ないという硬直した状況を避けられるのではないだろうか。

　日本固有の問題としては、日本人国連職員の数が相対的に少なく、国連への関与が希薄となっていることがある。

　今よりも日本人の国連職員を増やしていかなくてはならない。

　そのほか、国連は第二次世界大戦の戦勝国により作られた組織のため、日本のような敗戦国に対して、戦後76年経った今でも敵国条項がある。

　日本のような敗戦国には、安保理の許可がなくても攻撃してもいいことがあるという、日本にとっては危険極まりない不公平な条項だ。

　この敵国条項の削除を実現しなくてはならない。

　以上のことについて述べていく。

（1）　国連の公用語は英語だけに

　国連には、公用語が英語、フランス語、ロシア語、中国語、スペイン語、アラビア語の6言語もある。

　常任理事国の4言語と、よく使われているスペイン語とアラビア語ということなのだろう。

　実質的にはイギリス英語が使用されているらしいが、いろいろな国があるとはいえ、6か国語は多い。

　英語以外にも、常任理事国の言語が公用語となっているが、フランス語はともかく、ロシア語や中国語はほとんどその国でしか使われておらず、ほかの国にはそれほどメリットがないのではないか。

　会議などの通訳、文書の翻訳などで6か国に対応すると、余分な労力と経費がかかっているに違いない。

　広く使われている実質的な世界の共通語である英語と、ほぼ中国でしか使われていない中国語を同列にして、同じ労力をかけるのはお金と時間の無駄だろう。

　基本的に、101か国と、一番使われている英語だけを公用語とすべきだ。

　さらに59か国と、2番目に使われているアラビア語をサブにする。

　使用している人口数で決めると、中国語、スペイン語、インドのヒンディー語が該当してしまうので、人口数で決めるのは合理的ではない。

　英語とアラビア語の2言語を公用語、準公用語とすれば、意思の疎通のしやすさはそれほど変わらず、国連全体での仕事の効率はよくなり、経費削減となるのではないか。

　将来、翻訳装置が開発されても、基本的に自国語と英語につ

いてのみでよく、その意味でも効率的なのではないか。

（2）日本人の国連職員を増やす

　日本人でも、貿易などの仕事で海外の人と接触する機会がある人や、海外交流に積極的な人は、英語など外国語を使用する場面もあるだろう。

　しかし、ほとんどの日本人は、国内で日本語だけで生活している。

　言語の習得はよほど才能に恵まれている人以外は、多大な労力が必要だろう。

　外国語使用の必要があるか、言語習得に興味がある人以外は、なかなか話せて聞けるようにはならない。

　たいていのことは日本語で不自由がないため、英語を含めた外国語が苦手となる。

　島国でもあり、陸続きの国々のように、隣国との日常的な交流や葛藤も少ない。

　国内だけで大体が事足りて、国際舞台に積極的に出ていこうという人も他国に比べて少ないのではないか。

　そのような環境のせいか、国連職員になろうという人が少ないように思う。

　人口、経済力などからは、日本人の適正職員数は300人くらいと言われているが、実際には3分の1の100人くらいしかいない。

　ほかの先進国は、大体適正人数がいると言われている。

　日本とは逆に、ロシアは適正人数が30人くらいと言われているが、実際には80人近くもいる。

　日本は何と言っても、普通に英語を聞いて話せる人が少なすぎる。

　英語の読み書きよりも、まずは聞く、話すが、今よりもできるようにする教育が必要だが、英語を話せる教師が不足しているということもあり、いつまでたっても実現できていない。

　英語教育は書く、読むよりも、聞く、話す方を優先すべきだ。

　外国人を含めた英語を話す教員を大量に増やして、話して、聞く時間をもっと増やさなくてはならない。

　国際的な交渉の場で発言せず、意思の疎通ができない日本人が多いままになってしまう。

　民間の英語教室の活用をもっと行うなどの、今とは違う教育が必要なのではないか。

　英語を聞く、話すが普通にできるようになり、日本人の国連職員を増やさなくてはならない。

　国連組織の幹部やトップの職に就く人を増やしていき、国際政治での発言力を増していかないと、日本の国益を国際政治の場で確保できなくなる。

　2021年の国連の財源は、アメリカ22％、中国12％、日本8.5％、ドイツ6％、イギリス4.5％、フランス4.4％、イタリア3.3％、ロシア2.4％だ。

　日本は出資している割に、あまり発言力がない。国際的に便利なキャッシュディスペンサー的な国となっている。

　敗戦国（敵国条項該当国）の日本、ドイツ、イタリアが結構出資しているのに対して、安保理常任理事国のロシアはあまり金を出していない。

　ロシアは金を出さない割に、職員数が相対的に多く、プーチン大統領はじめ国際的に発言力があるように思う。

　中国もその経済力と、自国の利益を強烈に主張している現状から言っても、もっと出資してもいいのではないかと思う。

　逆に日本は必要な金は出しつつ、もっと発言していくべきだ。

　日本は、いい点でもあるが、長期戦略をもって利益を追求するというよりも、融和的、事なかれ主義で、国益のために戦うという姿勢が足りない。

　戦前は強すぎたと思うが、その反動か、戦後は国際舞台で戦っても国益を押し通すという姿勢が希薄なのではないか。

　とにかく前述のように英語教育を見直し、国連職員、さらにはトップなど幹部職に積極的に就いていかなくては今後の国際社会、国連での発言力は強くならない。

　そして、日本は大国ではないので、もちろん現実的な判断をせざるを得ないとは思うが、論理性、合理性を武器に論陣を張っていかなくてはならない。

　国連の舞台でもっと発言し、多くの国に同意を得ていくことを積極的に行っていかなくてはならない。

　国連にもっと積極的に関与しないと、国として独立自決の選択を行っていくことができないのではないかと思う。

　核保有、中立国の問題と同じように、国益のために戦略的に国連に参加していかなくては日本の未来は明るくない。

（3）　国連の機構改革

　国連の組織について、日本では一般の国民にはあまり詳しくは知られていないのではないか。

　せいぜい総会、事務局、安保理、その他ユネスコ、WHO、

WTO、国際司法裁判所とかの組織に馴染みがあるくらいだろうか。

国連には大きく6つの主要機関がある。

総会、安全保障理事会、経済社会理事会、信託統治理事会、国際司法裁判所、事務局の6つである。

その中でも、経済社会理事会は形骸化しており、信託統治理事会はほぼ活動停止している。

主要6機関以外の組織としては、国連大学、国際労働機関（ILO）、国際通貨基金（IMF）、国際連合教育科学文化機関（UNESCO）、世界保健機関（WHO）、世界銀行、世界貿易機関（WTO）などがある。

総会は、全加盟国で構成されている。

重要問題は3分の2、一般問題は2分の1の多数決で決議するが、勧告にとどまり法的拘束力はない。

会期は9月からの1年間で、軍縮、経済、人道、非植民地化、予算、法律などについて議論される。

現在は国単位の参加だが、前述したように、本来、各国の人口や経済力、国連への出資金などに応じて投票数を分配して、選挙で総会議員を選出した方がよいのではないか。

その方が、今のような国同士の利害がぶつかり、結果として何も決められず、保留事項が多い現状を改善できるのではないか。

各議員は国を背負っているとはいえ、総会の代表議員として出身国のことだけではなく、世界全体を考えるという仕組みを何とか作り出したい。

その上で安保理事会のような個々の機関ではなく、総会を最高意思決定機関とする方が、手続き上より民主的で、正当性が

あるのではないかと思う。

　安保理で5常任理事国が拒否権を持ち、決定事項をたった1国で覆せるような非民主的な力を持っているよりも、改革した総会をすべての最高決定機関とする方が国際民主主義では正当性がある。

　今のような一部の政治強国がコントロールしている国連では、国際政治を公平に導くことなどできない。各国の国連への信頼感も弱いものになる。

　この新総会を立法府、後述の事務局を行政府として、国際政治を運営していくのが理想ではないかと考える。

　本来なら、後述するような行政立法府を統合した新三権分立の方が望ましいが、現時点では急進的すぎるかもしれないので、まずは現在の三権分立の考えで述べる。

　安全保障理事会の構成国は5つの常任理事国と、2年の任期の10か国の非常任理事国だ。

　手続き事項は15か国中9理事国の同意、手続き事項以外の実質事項はかつ5常任理事国すべての同意が必要で、決定事項は履行義務を伴う。

　つまり拘束力がある。総会での決定により、調査、斡旋、停戦命令、平和維持軍、経済制裁ができる。

　軍事力は現時点では、5常任理事国とイスラエルが大部分を担っている。

　この安全保障理事会が問題山積で、国連の不平等、機能不全の原因となっている。

　国連加盟国200か国近くある中で、いくら核を保有する大国といっても、たった5か国が拒否権、決定的な発言権を持っているというのは合理的ではない。

　このような拒否権を持つ常任理事国のような特権国の存在を
なくすべきだ。

　前述のように、総会と事務局と国際司法裁判所の三権分立制
での統治機構の方がいいのではないか。

　また、安全保障について、安保理のような特別機関を残すこ
とが必要だとしても、現状の5常任理事国偏重を、多くの国が
納得しているとは思えない。

　今よりもかなり改革をしないと不公平だし非効率すぎる。

　多くの国を巻き込み、声を上げ、国連改革を促すべきだ。

　1945年当時は、加盟国51か国に対して理事国11か国
（21％）だったが、今は加盟国193か国に対して理事国15か
国（7％）と割合的に少なくなっている。

　日本などは、常任理事国でなくても非常任理事国になれるこ
とが多いので、その地位で満足しているようにも見える。

　江戸時代の士農工商のように一番上の身分ではないが、まだ
下がいて自分はまあ上の方だからいいかと満足しているような
ものだ。

　こんな特権のランク付けをして、中心にいる5大国体制を維
持する偏った組織機構を壊すべきだ。

　国力に大きな差があるので、各国1票ずつとは言わないが、
国力にあった票数で民主的に物事が決められるべきだ。

　仮に安保理を存続するのなら、まずはより民主的に行うため
に、理事国の数を増やすべきだ。

　次に、もともと第二次世界大戦の戦勝国が作った現国連なの
で、戦勝国側の大国である米英仏ロ中の5か国が安全保障理事
会常任理事国となったのは歴史上の経緯なのだろう。

　しかし、戦後75年たった今でもその体制のままで国際政治

が動いているのは、現在の国際情勢からみて合理的、公平とは言えない。

　5常任理事国が拒否権を持ち、運営をコントロールしていることには、ほとんどの国は何かしらの不満を持っているに違いない。

　日本もG4（日本、ドイツ、ブラジル、インド）とアフリカ2か国がそろって常任理事国に入ることを試みたが、なれなかった。

　結論から言うと、今後もなれない。

　常任理事国となるには、全加盟国の3分の2が賛成し、5常任理事国の賛成が必要である。

　既得権がある5常任理事国は、本音では自分たち以外に1か国も増やしたくないだろう。

　日本に対しては、韓国、中国が強力な反対運動をしている。

　今までもアジアで賛成してくれたのはブータンとモルジブのみで、中国に気兼ねしたのか、日本が援助してきた東南アジア諸国も賛成していない。

　アフリカも中国の影響が大きくて賛成してくれない。

　中国は、国際政治では巨大な政治パワーを持ち、日本は足元にも及ばない。

　中国は、日本が常任理事国になることに反対する理由として、次の3つを挙げている。

　米国に制御されていること、敗戦国であること、戦争の災禍に真摯に謝罪していないことの3つだ。

「敗戦国だからダメ」というのは中国に言われる道理がない。

　もともと終戦時に中華人民共和国は存在しておらず、戦勝国

とは言えないので、中国にどうこう言われる筋合いはない。

　本来、常任理事国は終戦時の中華民国であり、中華人民共和国ではないという理屈もあり得る。

　そして「戦争の災禍に真摯に謝罪していない」ということに関しては、少なくとも今、日本は中国よりも民主的であり、武力を背景にして他国を圧迫するというような傲慢なことは全くしない国になっている。

　日本は、中国共産党のような一党独裁の強権国家ではなく、ある人物あるいは少数の人間たちの決定により全体が動くような全体主義国家ではなくなったことが、何よりも日本が反省をした結果を示している。

　自由民主国家になったこと自体が、先の大戦を反省し再び戦争を起こさないことを決意している表れである。

　今の中国は、形式的には他党も認められているというものの、実質的には強大な共産党による独裁体制であり、日本よりもはるかに戦争を起こしやすい政治システムだろう。

　現時点では、日本よりも中国の方が領土紛争や共産党自らの体制維持のために、内戦や対外的な戦争を起こす可能性ははるかに高いと国際社会は考えているに違いない。実際、チベット、ウイグル、香港、台湾、またインド、日本、韓国との紛争が絶えない。

　日本は幾度も謝罪をしているし、自由民主国家で軍事大国ではないという実際の行動で、先の大戦に対しての反省を示している。

　今の中国に我々日本がどうこう言われる筋合いは全くない。

　今の中国は、例えば昔不良だったが更正した人（日本）に対して、現在不良の輩（中国）が、「お前も昔は不良だったのだから今の俺の悪行に対してつべこべ言うな」と言っているよう

なものだ。

　大事なのは今だ。今現在の世界がどうあるべきかが大事だ。

　現在、民主国家日本が、共産党独裁的国家中国に対して堂々と意見を述べるのは全くもって当然で正当だ。

　しかし、最初の「米国に制御されている」というのはそのとおりだ。

　他国に制御されて意見を主張できない半独立国ともいえる日本は、確かに常任理事国に入る資格はないだろう。

　アメリカと対峙している中国やロシアからすると、日本はアメリカの子分なので、そんな国が常任理事国に入ってくるのは、アメリカが2票になるようで望まないのは当然だ。

　G4案には、日本だけの問題ではなく、そもそも日本以外の3国に対しても反対が多い。

　日本に対する中国や韓国のように、ドイツにはイタリア、インドにはパキスタン、ブラジルにはメキシコなどが反対し、これらの国がコンセンサス連合を形成し、G4の常任理事国入りに反対している。

　むしろ日本1国で常任理事国入りを試みた方が、可能性があったのかもしれない。

　ちなみにアメリカ、フランスは日本、ドイツの加入を認めたが、これも反対が多いのを見越したリップサービスかもしれない。

　常任理事国もそれ以外の国も、本心ではこれ以上増えることを望んでおらず、今がベストではないにしても、その思惑で現状維持が続いているという感じではないだろうか。

　結局このG4案は棚上げとなった。では今後日本はどうして

いくべきか。

　そもそも常任理事国の存在が不公平なので、その仲間入りをし、自分たちも特権階級に入りたいと考えるべきではない。

　総会を尊重し、安全保障理事会そのものをなくすか、残したとしても常任理事国及びその拒否権をなくし、すべて非常任理事国とするべきだ。

　もちろん不公平の極みである拒否権もなくす。

　5常任理事国が脅しや揺さぶりで邪魔をしなければ、5か国以外の国々は賛成しうる案だろう。

　日本はこの常任理事国制の廃止を目指すべきだ。

　そもそも何度も言うが、安全保障理事会をなくし、総会（国連の議会）＋事務局（国連の行政府）で決定する仕組みが本来望ましいが、安全保障理事会をどうしても残さざるを得ないのなら、少なくともこれを目指すべきだ。

　また、停戦命令、平和維持をするためには、一定の軍隊が必要だが、実は正規の国連軍が機能したことはない。

　国連軍ではなく国連平和維持軍というのがある。これは中立的な立場で平和の維持のために働くもので、紛争が停止休止していることが前提となる。

　今までに70回以上のミッションがあり、計10万人、126か国から派遣されてきた。

　紛争近隣国の参加が多く、エチオピア、インド、パキスタン、バングラデシュ、ルワンダ、ネパールなどであった。日本も参加したことがある。

　これに対し、国連軍は中立的な立場ではなく、不当な武力攻撃や侵略行為に対し、加盟国が団結して加害国に制裁を加えるものである。

　両方とも安保理決議に基づいて任務、組織の構成、財政などの策が講じられる。

　国連の役割としては、紛争が停止、休止していない状態での紛争を止める方がより重要であろう。

　国連平和維持軍だけではなく、より強制力をもつ総力的な国連軍が機能することが必要だ。

　今まで国連軍が機能しなかったのは、安保常任理事国の拒否権による部分が多い。

　5か国が一致して賛成するということがなく、正式に結成されたことがない。

　ある国に対して国連が制裁を行おうとしても、その国が常任理事国の5か国のどこかに反対してもらえば制裁を受けない。よって、問題国は5か国のどこか1か国を味方にして拒否権を使ってもらおうとする。

　5か国は自らの政治的影響力を及ぼすために拒否権を使用している。

　紛争国はともかく、その後ろ盾となることが多い5常任理事国が、国際政治の場では、正義よりも自国のために、あるいは他国に影響を及ぼし国益を得ることを考えているために、このような国連の機能不全が起きているのだ。

　よって、紛争地域では、国連軍はなかなか結成されない。

　これに代わるのが、安保理決議に基づいて諸外国の軍隊が国連の統括下に入らずに活動する多国籍軍になる。

　平和維持軍と違って、先進国の参加が多い。

　ちなみに国連と関係なく結成されるのが有志連合である。

　繰り返しになるが、本来は総会や民主化された安保理で決議され、国連の正規軍が実力行使することが望ましい。

　しかし、常任理事国間の綱引きのために、真の紛争解決を行

えていないのが現実だ。

　繰り返すが、常任理事国同士の功利的な動きで正義が実行されない今の仕組みがダメなのだ。

　常任理事国とその拒否権をなくし、国単位の決定プロセスを変える必要がある。

　すべての国の代表者の議会（総会）による、国単位の利害を薄めた決議をもとに国連軍が実力行使をするという、民主的かつ効果ある仕組みが必要だ。

　国際司法裁判所はオランダのハーグにあり、15名の裁判官（同じ国籍は禁止）で、西欧と北米があわせて5人、東欧が2人、中南米が2人、アジアが3人、アフリカが3人となっている。

　15人中7人が欧米となる。世界の人口や現在の経済力などの国力を考えた時に、この人数配分が適切なのか否かは検討するべきだろう。

　また、このように地域ごとの定員を決めておくよりは、例えば総会の選挙で選ばれる方が恣意的ではなく、その時の世界情勢を反映したものとなるかもしれない。

　任期は9年で、3年ごとに5名が改選される。過半数で判決となる。

　国が対象で、国際組織や個人は当事者とはならない。

　審理、判決のためには当事国の同意が必要で、判決に従うのは義務だが、執行能力はないので当事国は従わない例もある。

　日本に関しても、竹島、北方領土、尖閣諸島などの領土問題、日韓基本条約違反とも思える旧朝鮮半島出身労働者への慰謝料賠償金として、日本企業の在韓資産の現金化問題などの紛争がある。

　2国間で解決できない場合に、戦争ではない平和的な解決を目指すならば、本来この国際司法裁判所が機能するのが理想的だ。

　判決に従わない場合は国際司法裁判所が総会や安保理に命令して執行権限を有するというルールのもとに、司法的判断がされるべきだ。

　この国際司法裁判所の権限を執行権限も含め強力にすることは、武力による問題解決よりも紛争国や世界にとって、よほど損失が少なく合理的なはずだ。

　国連事務局は国連の機関が決定したことを実施する組織だ。

　本来、国連の組織以外のいかなる国からも指示を受けない立場にある。

　世界各地に事務所があるが、本部はニューヨークにある。さらにジュネーヴ、ウイーン、ナイロビの事務所などが中心的な役割を担っている。

　事務総長が行う国際紛争の斡旋は最も重要な役割の1つであると言われている。

　事務総長は安保理の推薦を受けて総会で任命されるため、当然5常任理事国の承認が必要となる。

　よって、これらの国にとって利害関係の少ない、つまり影響力が弱い国の事務総長が選択される例が多い。

　そもそも今の国連では常任理事国の発言力が強すぎて、国連事務総長の権限は限られている。

　国際連合は常任理事国の追認機関ともいえるのが実情だが、それではだめだ。

　前述したように、国連総会が立法府、この事務局が行政府となるべきなのだ。

　以上、まとめると、拒否権を持つ安保理5常任理事国中心の現在の国連は非効率、不平等で、重要な方針決定、紛争解決を行うことができない仕組みとなっている。

　結局、国ごとの利益のぶつかり合いとなり、何も決められない、国単位を基本とした今の総会の在り方に問題がある。

　今まで述べてきたように、各国の人口や経済に合わせた選挙による代表議員たちによる総会を立法府とし、事務局を行政府、国際司法裁判所を司法府とし、より平等、効率的で実質的に物事を決めて執行できる仕組みを目指すべきだ。

　それぞれの組織の幹部は今のように強国の綱引きの結果、力のない人が選ばれる現状を変え、本当にやる気があり有能な人物が選挙により選ばれ、その人に強い権力を付与するようにしなくては、国連は機能しない。

　この仕組みにより、民主的に物事を決定し、各組織に、今よりも強力な執行権を持たせる。

　今までのような5常任理事国を中心とした不公平で、武力、経済力、政治力による腕力勝負の民主的ではない問題解決のやり方は、今後国連が多くの国の信任を得て、国際社会をリードしていくためには変えなくてはならない。

(4) 敵国条項の削除を実現する

　国連はもともと第二次世界大戦の連合国軍からできたものだ。

　国連憲章の53条で、第二次世界大戦中に連合国の敵国だった国に関しての記述がある。

　「"敵国"が戦争により確定した事項を無効にまたは排除した場合、国連加盟国や地域安全保障機構は安保理の許可がなくて

も当該国に対して軍事的制裁を科すことが容認され、この行為は制止できない」としている。

"敵国"は具体的に明記されていないが、連合国の署名国が、アメリカ、イギリス、フランス、ソ連（継承国はロシア）、中華民国（継承国は中華人民共和国）を含む51の原加盟国、つまり第二次世界大戦における連合国を指すと思われるため、敵国は日本、ドイツ、イタリア、ブルガリア、ハンガリー、ルーマニア、フィンランドが該当すると考えられている。

タイは日泰攻守同盟条約を締結し、連合国と交戦したが、1945年8月16日にこの同盟は日本の軍事力を背景とした脅迫によるものであり、憲法にも反しているため無効という政令を発表した。

イギリスとの間で戦時中にタイが行った措置を無効にすることで合意したため、タイは敵国に含まれておらず、1946年に国連加盟が許可された。

オーストリアは、当時ドイツに併合されていたため敵国とはみなされず、1955年に加盟した。

戦争が終わると、このように多くの国が敵国にならないように政治的に立ち回った。

イタリア、ブルガリア、ハンガリー、ルーマニア、フィンランドは1955年、日本は1956年、ドイツは1973年、韓国、北朝鮮は1991年に加盟が認められた。

戦争ではどちらか一方のみに100%非があるということはないと思うが、まさしく勝てば官軍だ。

そもそも有史以来、ソ連、中国、アメリカやオーストラリアは、領土を広げていく過程で先住民をどのように扱ってきたのか。

　イギリス、フランス、スペインなどのヨーロッパ列強の国々も、アフリカやアジアの植民地に対して、非道なことをしてきた。

　16世紀の新大陸でのスペインの先住民虐殺、イギリスやオランダなどの南アフリカでのアパルトヘイト、オーストラリアでのアボリジニ狩りなどの非人道的な話が残っている。大量虐殺をしたら、後世、文句を言う子孫さえも残っておらず、いまだに明らかになっていない蛮行があったかもしれない。

　アジアでもオランダ人のインドネシア人、アメリカ人のフィリピン人、イギリス人のインド人やマレー人、フランス人のベトナム人などに対する人種差別的かつ非人道的な行為は、日本の植民地政策の比ではなかったのではないか。

　当時は今のようにSNSやマスコミがあったわけではないので、現在知られている以上のひどいことをしてきたのは想像に難くない。

　最後の大戦の結果をもって、日本などのみをスケープゴートにし、敵国として悪者扱いし、自分たちは正義の国であるかのように振る舞う資格があるのか。

　弱肉強食で、今の倫理観と大きく異なる時代のことを言うのならば、本来すべての有史以来の悪行が公にさらされ断罪されるべきではないのか。

　現代でさえ、一部の欧米人の根拠なき差別意識や行為は、許しがたい独りよがりの傲慢さの表れだ。

　何を根拠に自分が優れていると考え、人種差別的な行為を行えるのか。

　表立っては公平さを装うが、非白人への独善的、差別的な言動を行う例が多く報道される欧米系の国が、実質的に国連を牛耳っている。

　論理や公平性の観点よりも、力の強い欧米に従うような国は、矜持（きょうじ）も改革のマインドも足りない。

　日本も戦前はともかく、現代は本当に情けない国になってしまった。

　もちろん、先の大戦で日本が行った植民地政策は、その国に対しては申し訳ないことをしたと反省し、繰り返さないようにするべきだ。

　実際、日本は現在、民主的で、他国を圧迫しない、独裁的な判断をしない国を形作ってきた。

　国内的にも国外的にも、それをもって日本の反省とその行動の表れと主張し、説得し、理解を得るべきだ。

　そして、今よりも堂々と正論を述べ、他国と議論し、世界を合理的な方向に導く立場になるべきだ。

　現在の世界の国々の中でも、日本は戦争を起こしづらい国の1つになったのではないだろうか。

　そういった国になったことが、言葉以上の真の反省とその実践だと思う。

　日本以外の列強も、戦争当時は今の価値観から見れば非人道的な行為を行ってきた。

　歴史上の行為については先に述べたが、第二次大戦中や戦後も他国も非人道的な行為はあった。

　シベリアでの旧ソ連（現ロシア）の日本人抑留者への扱いで、厚生労働省の資料によると、第二次大戦終戦後、武装解除で抑留された日本軍兵士約58万人中、食事も休養も与えられない過酷な労働で約6万人が死亡した。

　これは、武装解除した日本兵の家庭への復帰を保証したポツダム宣言に反するものだ。

　1993年、エリツィン大統領は、非人道的な行為として謝罪の意を表した。

　ただ、現ロシアは、当時は戦闘継続中の捕虜であり、戦争終結後に不当に留めおいた抑留者ではないと主張を変えている。

　中国は、1949年にチベットを併合したが、拓殖大学のペマ・ギャルポ教授によると、1950年から1976年の間に、17万人の強制収容所での死亡、15万人の処刑死、34万人の餓死、43万人の戦闘暴動死、9万人の拷問死などの合計120万人の犠牲者があったと報告されている。

　ウイグルでは、ここ数年間で再教育施設に100万人のウイグル人が拘束されたとBBCが伝えた。不妊手術を強制しているとも伝えている。

　アメリカも日本に原爆を投下し、広島で14万人、長崎で少なくとも7万4000人が死亡した。1944年11月24日から1945年8月15日までに106回の東京大空襲があり、11万人以上の死者が出た。

　後述の「領土問題」のところで詳しく述べるが、韓国軍のベトナム戦争での行為もひどかった。

　戦争中はどの国の判断も異常であり、残酷である。

　中国などは戦時中ではない日常でも、いまだに異常な行為を行っていると欧米メディアで報じられることがある。

　すべての国が戦争及び非人道的な行為をしない決意をし、そのような行為は国際的に厳しく糾弾される仕組みと実行部隊を作らなくてはならない。

　最後の大戦で負けた日本などのみが“敵国”として一方的に非難される今の国際的な状況には、全く納得いかないし合理的なことではない。

　直近の大戦で負けたがゆえに、敗戦国の日本などだけが今に

至るまで非道なことをしたと継続的に糾弾されている。

　すべての国のすべての非人道的行為が非難されなくてはならない。

　そして反省し、再び起きないような対策を講じなくてはならない。

　現代を生きる我々としては、今ある危機、今戦争を起こしそうな国こそ、現代では一番非難されるべき存在だ。

　過去の他国の悪行を声高に唱え、今の自らの悪行を覆い隠している国こそ、現在、あばかれ糾弾されるべきだ。

　敵国と言われた国々が加盟してからすでに65年がたち、それらの国々は大きく変わってきている。

　現在では、日本やドイツよりも、中ロの方がよほど武力と政治力を背景に自国の利益のために、他国を圧迫しているのではないだろうか。

　アメリカも武力を持ち、発言力が強く他国を圧迫している部分はあるが、独裁的な中ロよりは民主的な国で、権力の行使にはマスコミや議会の追及など数多くのチェックがかかっている。

　アメリカから他国が受ける理不尽な脅威はまだ少ないと考えられるが、それでも日本よりもはるかに戦争を起こす可能性は高いだろう。

　現代についていえば、かつての戦勝国が戦争を起こす可能性が低く、敗戦国が戦争を起こす可能性が高いということは全くなく、むしろ逆のケースもあるのではないか。

　よって、第二次大戦時の敗戦国が、今世界的に見て敵国であるという状況にはないのではないか。

　日本にとって、自国が武力攻撃を受けても容認されるような

敵国条項は、非常に危険なもので、国際世論に訴え、全力で削除しなくてはならない。

（5）非加盟国の加盟促進。台湾、北朝鮮との国交正常化

　国連にはいまだに加盟していない国、地域がある。

　台湾、バチカン、パレスチナが代表的である。

　そのほかには、コソボ、サハラ、クック諸島、ニウエ、アブハジア、南オセチア、北キプロス、アルツァフ、沿ドニエストル、ドネツク、ルガンスク、ソマリランドなどがある。

　このうち、日本が国家承認している国は、バチカン、クック諸島、ニウエ、コソボ共和国の4か国だ。

　バチカンは、カトリックのトップがいる国で、宗教的に大きな影響力があるため国連加盟をいわば自粛しているといわれている。

　国連に加盟するには、安保理の勧告に基づき、総会の承認が必要だ。

　例によって5常任理事国に拒否権があるため、この5か国のどこかと緊張関係にあると加盟できない。

　何回も言うが、全く理不尽かつ不公平な話だ。この特権だけは何としてもなくさなくてはならない。

　台湾は、中国が自国の一部と主張し、日本なども認めている。

　パレスチナはアメリカが拒否している。

　また、日本は戦後ソ連に拒否権を行使され、加盟を拒まれていた。

　世界を混乱させ、融和を阻害しているのはまさしく5常任理事国で、特に米中ロの3か国は常に紛争やいがみあいの火種になっているように思う。

　政治的、軍事的大国は、自分の思うような国際秩序を自国の論理で実践しようと考えている。

　腕力があれば無理が通る今の世界情勢から、国際社会全体から見た秩序の維持や、民主的な国際世論が通るまっとうな世界になるべきだ。

　やはり安保理で拒否権があり、特別な地位を獲得している今の5大国体制は見直されなくてはならない。

　今まで述べてきたような代議員制の総会にするべきだとここでも思う。

　国連加盟していない国・地域のうち、日本にとって何といっても重要なのは台湾だ。

　日本の周りを見るに、中国、ロシア、北朝鮮、韓国と反日国のオンパレードで、真の友人は台湾だけと言っても過言ではないかもしれない。

　経済的、政治的にあまりにも中国が強大であるため、現在は「中華人民共和国政府を中国の唯一の合法政府とし、台湾は中国の一部」との主張に沿い、日中国交を維持しているが、今まで述べた5常任理事国をなくすことができたら、何とか台湾と国交を結び、近隣の最友好国として交流をしていきたい。

　あとは、日本が太平洋諸国と政治的、経済的な同盟を組む場合、台湾はフィリピン、インドネシア、オーストラリア、ニュージーランドと並び重要な国・地域となる。

　太平洋諸国連合を結成したのち、全加盟国と欧米諸国とで台湾の国家承認を行うというのも1つの選択肢だと思う。

　この時、中国と台湾の両国承認を目指すと、中国は黙っていないと思う。

　しかし、中国は日本を含む太平洋諸国とはともかく、欧米と

も国交断絶をするという判断はしないだろう。

　中国は、台湾は中国の一部で国内問題だと主張し、日本政府も公式にはそれを承認している。

　しかし、日本政府としてではなく、日本人から見ると、台湾は実質的な独立国家で、とても共産党の中国の一部とは思えない。

　台湾をこのまま政治的に孤立させておくのは、地政学的にも歴史的にも日本の国益に反する。

　日本は中国、台湾の両国承認というのが本来国益に沿った選択だ。

　困難だが、それを目指さなくてはならない。

　国連加盟国のうち、北朝鮮は日本が唯一承認していない国となっている。

　日韓基本条約で、韓国を朝鮮半島にある唯一の合法的な政府としているが、朝鮮半島北部を韓国の領有とは承認していない。

　小泉内閣では、北朝鮮が住民の自由意思により選挙が行われ政府ができた場合と、国際法を順守する意思と能力を有した場合は、国家承認する可能性を否定していない。

　韓国という国は、日本が日韓基本条約で5億ドル（当時の韓国の国家予算の1.5倍。大卒初任給の比較では現在の1兆8000億円相当）の供与、うち3億ドルが無償供与などを行っても、いつまでたっても反日の姿勢が変わらない。

　日本との条約も反故にするような、日本としては真の友好を結ぶのはもはや難しいと判断せざるをえない国となっている。

　韓国に遠慮して北朝鮮を承認しないという配慮は必要ないのではないか。

　現在は、双方の中国大使館が事実上の窓口のようになっており、ここでも中国に主導権を握られており、日本は外交下手だ。

　北朝鮮は国連加盟国192か国中164か国が国家承認しており、国際的には国として承認されている。

　本来、自国は自分で守るのが原則で、他国など信じられない存在だ。

　日本では北朝鮮は異形の国ととらえる傾向がある。

　北朝鮮と周囲の世界を見ると、北朝鮮は経済的に弱く大国に挟まれている。

　周りに打算的に味方につく中国とロシアがあっても、真の友好国はないように思う。

　自国を守り抜くという覚悟を持ったら、北朝鮮のリーダーは自衛のために何としても核を手放さないだろう。

　日本は北朝鮮を排除するのではなく、経済的、政治的につながりを持ち、お互いの敵対関係を少しでも緩やかにする必要がある。

　日朝が国交正常化しないのを喜んでいるのは、中国、韓国、ロシアなど、周囲の反日国だろう。

　アメリカも日本が北朝鮮を含め、なるべく周囲の国と友好的ではない方が主導権を握りやすいと考え、本心では日朝友好を望んでいないだろう。

　つまり、日朝国交正常化をせずに損をしているのは日本と北朝鮮の当事者のみであり、周囲の国は内心喜んでいるだけだ。

　日本も北朝鮮も無意味ないがみ合いをせず、一刻も早く国交正常化をするべきだ。それがお互いの国益だ。

　台湾、北朝鮮と国交を正式に結び、台湾の国連加盟に尽力することが日本の国益に沿った方針と考える。

7.「戦争をしない」ためのまとめ

　日本が戦争をしないための今までの意見のまとめを以下に示す。

- 核保有
- 国軍を創設
- 統合された機能するインテリジェンス機関の創設
- 中立主義国になる
- 台湾を入れた太平洋諸国連合の構築
- 台湾、北朝鮮との国交正常化
- 日本人の国連職員を増やし、国連機関のトップに多く就任
- 拒否権のある常任理事国を廃止するなどの国連改革を行う

第2章
効率的な統治機構

　日本の統治機構は、国と地方の縦の役割分担は、明治維新以来基本的に変わっていない。

　また、立法、行政、司法の三権分立についても戦後変わっていない。

　これらは、現在でも効率的に機能しているだろうか。

　また、皇室、選挙制度、産業構造、領土問題、移民政策についても、日本は課題をずっと積み残してきている。

　これらについて論じていきたい。

1.　皇室の（公益社団・財団）法人化

　天皇をはじめとする皇室は、近代ではまさしく象徴として日本人の心に刻まれた存在だ。

　特に私の祖父母世代では崇拝の対象であった。

　武家出身で厳格だった祖父母は、家に天皇皇后両陛下の尊影を掲げていた。

　父母も戦前の教育を受けていた影響もあると思うが、比較的合理的な思考をしていた亡き父も、こと天皇についてはその合理性を超越する別格の存在と考えていたようにも思う。

　天皇制、皇室については、私も理性と感情の乖離がある。

　日本人である私にとっても天皇陛下、皇室はもちろん特別な存在で、国民の象徴として自然に敬う気持ちは強い。

　今の天皇陛下のお人柄も私は尊敬している。

　しかし、日本の国柄を、私がこの書でも述べるように、自由なスタート、平等な競争、セーフティーネットの構築を基本とするならば、どうしてもその概念と、憲法で規定されている天皇制、皇室は矛盾してしまう。

　私が掲げる原則を尊重する国とするならば、どうしても論じなくてはならないテーマとなる。

　天皇制は現在国民に広く支持されている。

　2009年のNHKの世論調査では、今のままの象徴天皇でよいという意見が82％、政治的権限を与えるという意見が6％、廃止すべきが8％だった。

　老若男女を問わず、天皇、皇室は日本国民に広く支持されて

いる。

　実は、昨年（2020年）末に地元で、この本で書いているような政治的な課題についての勉強会を主催したが、この天皇制に関しては、参加者の意見が割れ、一部感情的な雰囲気もあった。

　この課題について意見を言うことは、一般的な日本人にとっては心理的な抵抗があるかもしれない。

　しかし、日本が今後、いざという時に戦前のような曖昧な雰囲気に流されて不合理な選択を行うことがないように、正面から向き合い、事実を知り、議論をし、合理的な結論を出しておくべきだ。

　政治家もこのような日本の根幹にかかわる議論を避けずに堂々と賛否の意見を言って、国民的な議論を喚起することこそが使命なのではないか。

　天皇、皇室について論じるのは反発が大きいことが予想されるが、以上の観点でタブーなき議論を進めていきたい。

　まず、天皇制という言葉は1932年にマルクス主義用語として登場したそうだ。

　関西大学名誉教授谷沢永一や司馬遼太郎などの、いわゆる保守派や尊王の立場からは、「天皇制」という言葉は"えぐい"言葉らしい。

　悪意があり「皇室」「国体」という言葉を使うべきだともいわれる。

　戦後、一般的な社会科学用語として定着し、いわゆる保守系の読売新聞、産経新聞などでも使われ、岸信介、池田勇人、大平正芳、中曽根康弘、小泉純一郎などの各総理大臣、自民党も「天皇制」という言葉を使っている。

　一部"保守派"の人々は不快に感じるかもしれないが、今となっては広く受け入れられている言葉のため、ここではそれに倣い、「天皇制」という言葉を使う。

　私はいわゆる"左派"でも"右派"でもなく"愛国派、憂国派"なので、「天皇制」という言葉を使うことに他意はない。

　天皇制の歴史は長い。紀元前660年に初代神武天皇即位とあるが、その史的実在を確認するのは困難であろう。

　古代、天皇は軍事的、祭祀的存在であり、天皇を中心とした律令制があった。

　ヤマト王権の首長を「大王（オオキミ）」といったが、7世紀中頃に「天皇」という称号が始まった。701年「大宝律令」によって国号「日本」、元号「大宝」が制定され、天皇中心の中央集権制が確立した。

　鎌倉時代に武家政権となると、天皇を中心とした朝廷と、将軍を中心とした幕府との二重政権となった。

　1221年、承久の乱で幕府側が勝利し、1467年応仁の乱で戦国時代となり、幕府、天皇朝廷の両勢力ともに衰えていった。

　織田信長、豊臣秀吉らは、天皇を文化伝統の継承者として政治的に利用し、自らの権威を高めていった。

　江戸時代、「禁中並び公家諸法度」により、徳川家より天皇が正当な支配者であるという尊王論が水戸藩を中心に盛んになった。

　天皇中心の政治体制、国体論を築き、対外的に独立を保とうという考えが広がった。

　明治新政府となり、奈良時代以来となる刑法を意味する「律」と、行政の組織、役職や仕事の取り決めを意味する「令」

である律令制度をもとにした司法、行政、立法を行う太政官制と、天皇の伝統的権威を背景とした王政復古となった。

ヨーロッパに対抗する独立国家創出のために中央集権体制となった。

1889年、大日本帝国憲法で、天皇は、名実ともに日本の元首と位置づけられた。

陸海軍（空軍は陸、海軍内に組織されていた）を統帥し、帝国議会の協賛をもって立法権を行使し、帝国議会が議決した法律を裁可・拒否し、国務大臣によって輔弼される行政権を持った。

天皇の名において法律により裁判所が行う司法権も持ち、これらの統治権を総攬する元首と位置づけられた。刑法で不敬罪もあった。

君主主義と立憲主義の併存による天皇制国家が確立された。

1945年、日本は敗戦により、国体である天皇護持を唯一の条件として降伏した。

戦前の天皇制権力機構は解体された。

この時、イギリス、中国、ソ連、オーストラリアは天皇制廃止を求めた。

アメリカは、天皇制により日本国民を統合し間接統治した方がアメリカの国益になると考え、トルーマン大統領が「天皇制の存廃は日本人民の民意によって決定されるべき」と発言した。

日本国憲法で国民主権となり、国体論は衰退した。

内閣の助言と承認が必要で、内閣がその責任を負う認証、接受などの形式的・儀式的行為などの国事行為のみで、国政に直接関与しない今の象徴天皇制となった。

天皇制が存在する意味は、歴史的には天皇の権威が時の権力

の暴走を牽制するという意味もあったと思う。

　しかし、現代のようにマスコミ、SNSが発達した世の中では、天皇家の権威を昔のように維持できないであろう。

　日本では、後述するように、不完全とはいえこれだけ民主主義、マスコミ、SNSが広まっている。

　軍部、憲兵などによる非民主的な強権国家の戦前に比べ、今の日本は権力の暴走の可能性は限りなく低いのではないだろうか。

　むしろ戦前のように、今でも80％以上の国民に支持されている天皇制を、何らかの政治目的のために利用する権力が出てくることを避けたい。

　後述するような民主的でチェックが厳しい統治機構を確立すれば、天皇制の権威がなくても権力の暴走の可能性は限りなく低くなるはずだ。

　つまり、権力の暴走をなくすという意味では、合理的な統治機構の構築と民主化の追求の方が重要であり、権威としての天皇制の必要性は現代では薄れていると考える。

　天皇制の女性天皇、女系天皇について、X、Y遺伝子で考えてみる。父親が歴代天皇のY遺伝子を持つ男系天皇で、少なくとも男系天皇のX遺伝子は持っているワンポイントの女性天皇は歴史上も存在した。

　愛子様はこの立場に相当する。

　これに対し、今まで父親が天皇以外の女系の場合は、男子だとY遺伝子の万世一系の観点から外れるためいなかった。

　女子もY遺伝子とは関係ないが、X遺伝子までもがすべて男系天皇以外の可能性が2分の1の確率となるためか、存在しなかった。

　つまり、女系天皇は、Y遺伝子による万世一系保持の観点から男子はもちろん、X遺伝子の正当性という点から女子も、父親が男系天皇のワンポイントの女性天皇とは異なり、今まで存在しなかった。

　昔は、このような遺伝子論で考えてはいなかったと思うが、結果として天皇家の系譜は、より厳密な継承性を実現してきている。

　ちなみにイギリスのウィリアム王子などは、祖母がエリザベス女王で、祖父が男系王ではないため、将来王位に就いても女系王となり、日本の天皇家ほど"遺伝子学的に厳密な継承性"はないとも言える。

　以上が天皇制の歴史と現状だが、天皇制は日本に長く存在し、現在でも国民の支持を得ている。

　天皇制は日本にとって必要だと多くの日本人が考えてきたからこそ存続しているのだと思う。

　今後、日本が、後述するような効率的な統治機構を持ち、人生において全員が公平なスタートを切り、平等な競争をするという社会を目指す時に、この天皇制をその基本理念の例外として存続させるのか、あるいは徹底した公平性と平等性を追求し、天皇制をも例外としないのかは意見が分かれると思う。

　私は、オープンに情報が得られ、議論ができる環境で、不公平感がなく、頑張れば報われる夢とやりがいがあり、自分の選択に納得して生きられる社会こそ、今後の新しい国の基本哲学とするべきだと思っている。

　日本のためにすべての分野で、制度的、法的に、少なくとも人生のスタート時点や、競争条件は、できるだけ公平、平等な社会を追求すべきだと考えている。

　その点から、天皇制というのは、憲法で規定されている身分であり、しかも世襲でもあり、その理念とはどうしても相いれない。

　かといって、この国で長らく続き、多くの人の心のよりどころとされる天皇制を、現時点でなくすという選択もない。

　以上の観点から、憲法や法律に規定された身分である天皇、皇室という位置づけではなく、例えば公益法人などへの移管などが考えられると思う。

　天皇はほかのいかなる存在とも異なり、身分が憲法で規定された個人である。

　象徴、世襲、国事行為、財産などが規定されている。

　日本の最高法規である憲法に、天皇といえども個人について規定されているということが、一般国民とは異なる存在であることを示している。

　日本に生まれたからには平等なスタートを切るという原則からは、その地位が世襲で、一般国民が天皇になれず、また皇室に生まれると一般国民になりづらいという点で制度的に不平等がある。

　これは、日本国に生まれた日本国民は、平等なスタートを切り、公平な競争を行うという理念から外れる。

　憲法14条の「人種、信条、性別、社会的身分または門地により、政治的、経済的又は社会的関係において差別されない」に反する。この14条は合理的な内容であり、天皇、皇室などを維持するために変えるべきものでもない。

　また、皇室は、一般国民とは異なる次のような憲法上の扱いがある。

● 参政権がない、24時間体制で公私に関係なく所在や行動の

　目的を監視される。

- 外出時も必ず皇宮警察や地方の県警がいる。
- 奴隷的拘束や苦役からの自由（憲法18条）、居住、移転の自由、職業選択の自由、外国移住、国籍離脱の自由（憲法22条）、信教の自由（憲法20条）がない。
- 皇室経済法の規定により国庫から皇室費が支払われる。
- 公的な費用は宮廷費、私的な費用は内廷費（天皇、皇太子以外の皇族は皇族費）と言われる。
- 警備上、アルバイトはできない。

　また、現状では皇室に対して肯定的な国民が多いため、例えば新元号発表や皇室の慶事などのときに、内閣の支持率が上がる傾向がある。

　政府が選挙前に発表するなど、政治的に利用される可能性もあるように思う。

　このように、本来、中立公正であるべき存在が、間接的とはいえ政治的に利用される可能性があることも合理的ではない。

　皇室が今後も日本人の心のよりどころとして存在し、続いていくことは現時点では当然と思われている。

　しかし、現状のように憲法で規定され、一般国民と法規上区別化された身分は、平等なスタート、自由な競争という大原則からは外れる。

　したがって、日本におけるほかの存在と同じく法人化するのが望ましいと考える。

　我々が思う宗教という狭い範囲の支持ではなく、国民多くの心のよりどころとなっている点から、宗教法人というよりは公益社団法人や公益財団法人などの方が国民の意に沿うのではないかと思う。

　私は、上記の意見を持っているが、日本は民主主義、法治国家である。現在、国民の多くが天皇制を肯定的にとらえているため、その民意に従う。

　現行憲法上、日本の象徴であるため、日本人として、私は現状の天皇陛下及び皇室に敬意を持っている。

2. 国、市の2段階の統治機構

　現在、日本の行政、立法組織の地域的な分担は、市町村・区、都道府県、国の3段階となっている。

　政令指定都市は、多くの権限を県から委託されているが、病院、薬局、介護老人保健施設の開設許可、都市計画、学校の設置、農地転用、漁業権の設定の免許、警察署の設置などの権限は県にあるため、やはり3段階の統治機構と言える。

　司法府は、最高裁判所、高等裁判所（札幌、仙台、東京、名古屋、大阪、広島、高松、福岡）、各県の地方・家庭・簡易裁判所の三審制となっている。

　実際は、二審への控訴は行うものの、最高裁への上告は限定されており、事実上の二審制となっているとも言われているが、形式上は三審制だ。。

　つまり、行政府、立法府、司法府は日本では基本的に3段階となっている。

　縦の統治機構としての国と地方の在り方は、今の3段階が適切なのだろうか。

　地方分権のメリットとしては、次のようなことが考えられる。
- 災害などに対するリスクの分散
- 都市に若者、地方に高齢者が集中すると、人口とその年齢層や産業が都市と地方で偏り、地方が衰退してしまうことを避ける
- 地方にルーチンの仕事を任せ、国は国防や外交などに注力で

きる
- 地域住民の声を地方に反映させやすい
- 地方分権が十分ではなく、地方という小規模な行政単位で多くの人のチェックが行われないと、一部の有力者が地方政治を私物化してしまうため、これを避ける

一方で、地方分権のデメリットもある。
- 地域格差の拡大が起きる
- 地方の力が強すぎると、主張を曲げずに国家レベルでの決定に支障が生じることも考えられる

　世界的にみると、アメリカ、ドイツなどは地方分権が進んでいる。
　アメリカは、各州が独自の立法権、法律、軍を所持し、地方制度、地方団体の設置も州の権限である。
　連邦政府の権限は合衆国憲法に定められた分野に限定されている。
　地方の力が強すぎて、州をまたぐと法律が異なり、刑法、民法、選挙などのルールも変わる。
　国全体として考えると、公平なルールで競争を行うという点で不合理なのではないかとも思う。
　ドイツは、歴史的にバイエルン王国、ハノーファー王国、プロイセン王国などが分立しており、現在でも地方分権の気運が強い。
　今は16の州が独自の憲法や法体系、行政権を持ち、司法権も強い。
　地方制度、組織や運営も各州で異なる。
　一方、フランス、イタリア、スペインなどは伝統的に中央集権が強い。

　イタリアは1713年のサヴォイア家の統治以来、中央集権的である。

　南北格差があるため、中央政府で税を集め、富を再分配する必要があったためとも考えられる。

　スペインは、1978年の新憲法で地方の自治と団結を保障し、国は州の集合体であると規定している。

　特にカタルーニャ、バレンシア、バスクなどは広範な自治権を有する。

　なお、多くの途上国は法治制度が十分ではなく、地方の有力者に地方権力が私物化される可能性もあるため、中央集権が強くなる傾向がある。

　このように、中央と自治の権力の分配は、各国の歴史と考え方により差異がある。

　日本も明治維新の廃藩置県時に県の領域が決まった。

　それから150年以上たっているのに、地方と国の在り方がほとんど変わっていない。

　役割も領域も今の時代にそぐわないところも多いのではないかと思う。

　当初は藩をそのまま府県に置き換えたため、3府302県もあった。

　行財政の負担を考え、1889年に30〜90万石の規模ごとにまとめられ、現在の県数とほぼ同数に統合された。

　1石は大人1人が1年に食べるコメの量に相当する。

　この頃の日本の人口が3500万人、石高が3200万石だったので、大体1人1石に相当している。

　当時の1つの県の人口は30〜90万人くらいで、地方自治の人口単位としてはこれくらいが適正だったのだろう。

　明治5年の日本の人口が3480万人で現在の3分の1くらいなので、現在の適正な1地方自治の人口は100万人くらいだと考える。

　現在の都道府県の人口は、57万人（鳥取県）～1400万人（東京都）と、1自治単位の人口にはばらつきがある。

　150年たった現在、都道府県や市町村の人口が地方自治の単位として適正人数なのか否かを再検証する必要があるのではないか。

　1地方自治体の人口が少なすぎると分割損が生じ効率が悪くなり、多すぎると、今の市と県のように地方統治体制が2段階となり、これも非効率となる。

　現在の技術や文化、人口分布の変化に合わせ、自治体の人口数と領域、国と地方の仕事の分担を考え直す時なのではないか。

　まずは、今の日本の行政立法府の国、県、市町村のそれぞれの役割分担を示す。

国（1）
　外交、防衛、医師、医薬品、大学、教科書検定、通貨、金融、労働基準、国道、1級河川、4ha以上の農地転用、国有林、水資源開発、エネルギー、交通政策、情報通信、放送
都道府県（47）
　警察、産業廃棄物、病院、薬局、私立学校、県立高校、市町村立小中学校の人事と給与、中小企業対策、商店街振興、県道、2級河川、農家経営支援、4ha以下の農地転用、県有林、治山事業
市町村（約1700）

　消防、住民登録、戸籍、上下水道、一般廃棄物、介護保険、小中学校の運営、職業紹介、市町村道、準用河川、農業委員会、市町村有林

　警察や消防組織は、今と異なり、本来、活動の境のない全国組織として国の分担とした方が効率的なのではないか。
　犯罪や火事などの災害は県や市の境で止まるわけではない。県の仕事と市町村の仕事はほとんど差異がなく、業務量の規模で分担していることが多い。
　本来、県と市町村の仕事は一元化した方が、より責任の分担が明確となり、かつ、二重行政がなくなり効率的になるのではないか。
　役所が多段階になると、それだけ各行政組織の責任の所在が曖昧になる。
　民間のすることに対して、指導、注意などを行う行政組織の数が増え、民間活動の効率が悪くなる。
　行政組織の窓口を1つにすると、責任の所在が明確になり、民間への指導認可が一元化し、民間活動、ひいては国全体の社会的な活動が効率的になる。
　大きな自治体になると、辺縁地が廃れていく可能性があるため、後述の「大きな農業」等により、領域の有効利用を図っていく。

　責任と権限を明確にするために、国と地方の役割分担を明確にすることを提案する。
　今後、新しい地方組織を“県”“市”と呼ぶが、今までのそれらとは概念が異なる。
　具体的には後述する。新しい“市”は80〜120万人くらい

を1単位とする。これより多くなったり少なくなったりした時点で、市の領域は後述の国民府により変更される。

市はその領域内で、住居地や工場ばかりだったり、産業や土地利用に偏りがあったりすると、地域的に単一な構成になってしまい望ましくない。市として様々な施策を打ちづらくなる。

市内には、土地利用、構成市民などで多様性がある方が施策を行いやすい。

東京や大阪のような大都市は、80～120万人単位では、事務所、工場、住居などが偏り、すべてが住宅地、あるいはオフィス街のようにモノトーンな地域となってしまう可能性がある。

よって、200万人以上の大都市は例外的に、現在の東京23区や、政令指定都市単位で1塊りにした方が効率的かつ合理的だ。

そこで200万人以上の札幌、東京、横浜、名古屋、京都、大阪、神戸、福岡の8つの大都市は1塊りとし、新しい"県"と呼ぶ。県の中に80～120万人単位の新しい"区"を置く。

区は基本的に市と同じ権限を持つが、予算分配と、区の間で利害が衝突する場合の政策決定は県が行う。

これにより、今の3段階の縦の統治段階を、国と市、あるいは国と県（区）の2段階の統治とする。

新しい国、県、市区の役割分担を下記にまとめる。

国（1。主として企画）
　教育
　外交、国防
　市、区、県にまたがるインフラ
　検察警察・消防

　年金、医療介護福祉政策

　通貨・金融

県（8。主として企画）

　県内のすべての区の予算の決定

　学校、道路、その他施設、産業、生活、条例などの区間の調整

市（約120。主として実施）

　学校運営

　道路、河川、上下水道、産業一般廃棄物

　病院、薬局、介護保険

　中小企業対策、商店街振興、農家経営支援、農地転用、農業委員会、林、治山事業

　住民登録、戸籍、職業紹介

区

　県内の他の区との利害調整が必要な事項以外は、ほぼ市と同じ。

　国の業務は国土全土にわたり広範である。物理的に首都のみの1か所で行うことはできないだろう。

　教育、国防、県間のインフラ、検察警察・消防、医療介護福祉政策、通貨・金融などの実務を行う上で、各地域を統括管理する出先機関が必要になる。

　そのために、国の出先機関としての"州"を置く。

　これはいわゆる道州制というもう1つ役所を作るというものではなく、あくまでも国の実務を行うための組織ということになるが、仮に"州"と呼ぶ。

　今まで日本は関東地方、関西地方、東海地方、北陸地方、中国地方、四国地方のように、太平洋側、日本海側のみに偏った

地方区分が存在した。

　それにより、太平洋ベルト地帯を中心とした表日本が発展し、裏日本との地域間格差ができた。

　国土は北海道から九州という縦方向には交通の便などが良く、連携がとりやすく発展しやすくなっている。

　一方、太平洋岸と日本海岸とを結ぶ横方向は山があり交通の便も悪く、お互いの関連が薄く、その結果、いわゆる裏日本の発展がおろそかになりがちだった。

　そこで、ここでは国の出先機関としての地方のまとまりである"州"を、国土を輪切りにして区分する。この本の裏表紙に概略図を示した。

　後に領土の項で述べるが、効率的な領土利用のためには、日本は海に囲まれ、相対的に陸地が少ないが、本来、領土は陸地が固まっていた方が良い。

　地図を眺めると、日本列島の島で面積が大きいのは、北海道、本州、九州、四国以外では、樺太である。

　北海道と樺太の最短距離は43kmであり、北海道と本州の距離が17.5kmなので、それよりは長いが、トンネルでつなぐことも可能なのではないか。

　北は樺太から南は九州まで、陸地とトンネルでつなぐことができれば、今以上に各地の連携が効率的な領土利用ができるのではないか。

　島々は周囲の領海があり、もちろん利用価値が高い点もあるが、基本的に周囲が海の日本では、すでに領海が広く、バランス的に、より陸地の開発が可能な大きな島の方が、利用方法に多様性があり、効率が高くなるのではないか。

　現時点ではこの考えは、外交的にも国内的にも突拍子がな

く、実現困難なことと思われるだろう。

　後に「効率的な領土」の項で述べるように、樺太、千島列島南部が日本の領土となることを試みるべきだと思う。

　もちろん、領土は一方的に譲ってもらえるはずがなく、交換しなくてはならない。

　日本の地図を見ると、それは九州より南の諸島となる。

　この領土交換の具体的な案については後述する。この本の表と裏の表紙に概略図を示した。

　鹿児島奄美群島の人々や、沖縄地方の人々は、この話は全く納得しないだろうし、これを聞いただけでとんでもないと怒り心頭だと思う。当然だろう。

　その上でこれを提案するのは、日本全体の発展を考える上で2つの理由がある。

　1つは、上記の効率的な領土利用だ。

　もう1つは、後述するように、日本の北方向に、新たにロシアやヨーロッパへとつながる交流ルートを開拓したい。

　アジアの中の日本ということで、今までは西の朝鮮半島、中国、南の台湾、東南アジア、東のアメリカの3方向は比較的深く交流をしてきたが、北方向の文化、政治、軍事的な交流が圧倒的に希薄だった。

　今まで日本はあまり着目してこなかったが、この樺太は非常に重要な島になると思う。

　もしこの領土交換が行えれば、もちろんすべて国の資金と責任で、九州以南の諸島の全ての人々を、九州以北の希望する地域に移住していただくことを提案し、実行する。

　それらの地域の人々の生活や先祖伝来の住み慣れた土地、歴史を考えると、提案すること自体が大変失礼で、激怒する人もたくさんいるだろう。

しかし、私は地図を見ていると、より新しい可能性と発展のためにこれを提案したい。

もちろん、今の時点では難しい案であることは承知しているが、上記の理由により何とか実現したい。

ここでは、寛大な読者があきれて離れていかないことを願いつつ、話を進める。

樺太をも入れた次の9州を考えてみる。

国の事務所は地理的な中心を考え、例えばカッコ内の都市に置くことを提案する。

最北州（敷香）
　樺太
北部州（旭川）
　北海道
東北州（盛岡）
　福島の西の一部以外の東北、新潟の新潟市より東
東部州（宇都宮）
　東京23区、千葉、北関東3県、長野の長野市を含まない東、新潟の新潟市を含まない西、福島の西の一部
中東州（甲府）
　東京の23区以外、神奈川、埼玉、山梨、静岡の静岡市を含まない東部分、長野の長野市を含む西の大部分、岐阜の東の一部、富山、能登半島
中西州（岐阜）
　愛知、静岡の静岡市より西、三重の津より東、岐阜の西大部分、石川の能登半島以外、福井の嶺北
西部州（奈良）

　大阪、京都、和歌山、奈良、滋賀、福井の嶺南、三重の津市
　を含まない西部分
西南州（岡山）
　兵庫より西の中国地方、四国
南部州（熊本）
　九州

　なお、詳しくは後述するが、日本の首都は現在東京だが、政
治経済の中心として一千数百万人が住み、一極集中している。
　過密で混雑しがちで何をやるにもアクセスが不便で、土地代
などのコストがかかる。起業、産業の流動性が困難になってい
る。
　経済的な活動は民間が主であり、自由だ。政治的な思惑で現
状を変えることは適当ではない。
　したがって東京での経済的な活動はそのままで変更するべき
ではない。
　それに比べ、政治的な中心を移すことは、国土の有効利用と
いう点からも考えうる。
　首都を東京以外に移し、日本の中心を一極集中から分散す
る。
　経済、政治、文化などの発展の中心が複数あるということ
は、国土の効率的な利用という点では望ましいと考える。
　どうせ首都を移転するからには、現在人口が多く開発が進ん
でいる地域以外の方が、都市設計がしやすく、発展の余地があ
る。
　太平洋ベルト地帯以外で、土地利用が十分ではない、開発の
余地が十分にある地域に移動させるのが良い。
　今後の政治活動をも含めた国土利用の効率性、発展性の点か

らも望ましい。

　また、詳しくは後述するが、すでに述べたように、今後の日本で、地政学的に、今までよりも北方の樺太を重視するという点で、日本の国土的重心は北に移動する。

　日本地図を見ると、以上のことを考えると、それは現在の東北地方北部となる。

　平野があり、冬季に降雪量が比較的少なく、気温もそれほど低くならず、津波の影響も受けづらい海岸から距離がある場所が望ましい。

　よって、以上の観点より、花巻（空港、釜石線）〜北上（北上線）〜奥州〜一関（大船渡線）あたり（総人口約43万人）を新首都にすることが戦略的な国土利用から適切なのではないかと考える。

　この地域の中心に位置する奥州市あたりを新首都として、「正しい光を日本全土に照らす」という意味を込めて、新首都名としてここでは「正光都（せいこうと）」と表記する。

　日本の地方の立法行政を、1都、8県（26区を含む）と約120市の地方の統治機構とする。

国（1）
　首都正光都
国の行政支署としての州（9）
　最北、北部、東北、東部、中東、中西、西部、西南、南部
県（8。合計26区を含む）
　札幌2区、東京9区、横浜4区、名古屋2区、京都2区、大阪3区、神戸2区、福岡2区
市（80〜120万人ごとで全国で約120）

＊ここで、公務員数について試算してみる。

　令和2年、公務員は全国で約338万人いる。

　国家公務員約58万人、地方公務員約276万人（一般約93万、教員約103万、警察約29万、消防約16万、公営企業等約35万）である。

　東京が人口約1400万人に対して公務員約25万人。

　よって、今の3段階から今まで述べた2段階の統治機構に集約されると、人口約60人に1人の公務員くらいとなる。

　全国で人口1億2500万人なので、地方公務員は200万人くらいになる。

　すると、3段階から2段階とすることで、日本全体で地方公務員が276万人から200万人に減り、今よりも80万人弱くらい少なくて済むようになるかもしれない。

3. 新しい三権分立
立法行政府・新司法府・国民府

　日本は現在、政治体制としては、立憲民主制である。

　権力の分担としては立法、司法、行政の三権分立となっている。

　日本のみならず世界的に多くの国が立法、行政、司法の三権分立を原則としている。

　権力の暴走の防止や選択の適正という点では法治国家、自由民主主義、権力の分散は確かに望ましい。

　しかし、現在の日本、というより三権分立を採用している諸国すべてにおける長年続いているこれらの権力の統治機構は、いまだに最適なシステムなのだろうか。

　アメリカの大統領制は、日本よりは立法と行政の権限が分けられている。

　日本の議院内閣制は、立法府の国会議員から総理大臣とほとんどの大臣が選ばれている。

　行政府のリーダーが立法府から選ばれ、立法府と行政府の切り分けが曖昧な制度と言える。

　さらに、世界中のいずれの国の制度にしても、司法府が立法府や行政府よりも弱いように思う。

　つまり、現代の制度は、立法府と行政府の切り分けが曖昧で、かつ司法府が比較的弱いと言える。

　果たして立法、行政、司法による三権分立は、今でも最適な仕組みなのだろうか。

　この点について考察と改善案を述べたい。

（1）　新三権分立の概要

　絶対王政などの独裁権力があった時代は、一人あるいは少数の人間により政策が決定されていた。

　多くの国民は政治に参加することはなく、その時代に生きた人たちは、それが当たり前だとあきらめていただろう。

　日本でも、江戸時代に生きた多くの人々は、士農工商という今から見ると矛盾だらけのシステムを当然と考え、根本的に変えようとしなかったのではないか。

　このような社会システムが確立している時に、その矛盾に気づき、根本的に変えようとするのは本当に大変なことなのだと思う。

　権力の分散という発想がなかった時代に、ロック、モンテスキューらが、立法、行政、司法の三権分立を思いつき、制度化したことは本当にすごいことだと思う。

　しかし、それから長い年月がたった今の時代に、この制度はまだ適切だと言えるだろうか。

　球技の試合にたとえると、国民に選ばれる日本代表（政府）が敵（課題や他国）と戦う時に、今は効率的、合理的ではない体制となっている。

　まず、チームワークが悪い。立法と行政が分けられていて、チームのルールを作る人と、実行する人が効率的に連携できていない。

　そして、作戦を立てたり実行したりすることよりも、代表選手の些末なスキャンダルを、スタジアムに入れない、場外にいる観客（国民）にアピールする、プレーをしていない選手（多くの野党議員）がいる。

　彼らはプレーに主力選手として参加していないために、レギュラーのマイナス面を声高に取り上げ、足を引っ張り、観客の歓心を買うことに力を注いでいる。

　一部の無責任な観客に次の投票（選挙）で選んでもらい、レギュラーになることにエネルギーを使っている。

　本来もっと練習して（勉強して）レギュラーよりも実力があること（良い政策があること）をアピールし、レギュラーになることを目指すべきだが、それはあまり見られない。

　そして、日本というチームが良くならない一番の根本原因が、代表選手のスキャンダルを無責任に面白がり、懸命にプレーする選手を冷めた目で見ている観客（国民）だ。

　本来、自分たちが、より能力のある代表選手を選び、サポーターならではの意見をもっと言い、時には自分が選手となることを目指すべきだ。

　しかし、それは無理だと思い、それを実行するすべがわからずに、チームをより良くする情熱がなく、自分たちが声をあげ、選手を支えることも、時には投票することもあきらめている。

　代表選手の作戦や台本を、表に出ないコーチ（官僚という、みんなが選んだ人ではないが物事に精通していると思われている専門家）が観客の知らないところで決め、選手の一挙手一投足を指導している。

　そして、代表選手とコーチの顔色を窺っている、あまり権威のない審判（司法）がいる。

　試合内容は、代表選手やコーチの考え次第で、場外の観客（国民）に知らせたり知らせなかったりする。

　試合結果を目立たないように小声で知らせて既成事実を作り、大きな非難に備える。

　観客（日本国民）はその仕組みを変えることや、どう変えていいのかもわからず、無気力になり、何となく不満を募らせている。

　これが今の試合（政治）ではないか。

　選手たちは、レギュラー、控え共に、お互いに足を引っ張らずに、勝利のために建設的な提案をして、一致団結すべきだ。

　専門家（官僚）の協力を得て、最終的には選手自身が責任を持って判断し、実行し、責任を取るべきだ。

　公平で強い権限を持った審判の厳格なルールの下でプレーをすべきだ。

　観客（国民）は、まずはスタジアムに入り、自分たちは何もせず選手の失敗を喜んで批判的にのみ見ているとしたらそれを恥じるべきだ。

　自分たちも代表選手を支えている当事者であるという意識をもっと持つべきだ。

　有名選手の子供だとか、顔がいいとか、有力者に気に入られているからとか、誰かにお願いされたからというのではなく、本当に能力のある選手を、プレーをしっかりと見て（その人の意見を聞いて）、自分の頭で判断して、（選挙で）選手を選ぶべきだ。

　チーム（国）を良くするために、意見をもっと言うべきだ。

　結局、国民が自分の責務を果たして、能力のある政治家を選んでいるとは言えないから、今の合理的ではない政治状況になっている。

　国の政治レベルは、その国民のレベルを反映している。

　今の政治を批判するならば、それは国民自身が選択した結果であり、本来自分たちが批判されるべきことだ。

　ここからは、私が考える、より良いと思う三権に関する統治機構について述べる。

　SNSが発達した現代では、それらを活用して国民がもっと参加して監視でき、オープンな環境で堂々と議論ができるような仕組みができるはずだ。

　本来、ルールを決める立法とルールの下で実行する行政は、お互いに同じチームで情報を共有するべきで、両者は切り離すことはできないはずだ。

　あと、日本に限らず、司法が立法や行政に比べて弱い。

　さらに、形式上、選挙で議員が選ばれ、国民の代表だとされているが、ほとんどの国民は、今の国会議員を我々の代表だとは実感していない。

　本当に政治家として有能な人が選ばれているとは思えないからだ。

　一般的に一部を除き、政治家が官僚に比べ、立法、政策能力で優れているとは思われていない。

　実際に法律を作り、この世の中の指針を組み立てているのは官僚組織だと思っている。

　政治家が国益のために責任をもって全力で判断、実行をしているようにはなかなか思えない。

　国民は選挙の時だけ、いわゆる民主主義に参加しているように思っているかもしれないが、選挙が終わると国民の意見が政治に届くことはほとんどない。先ほどの球技のたとえで言うと、スタジアムに入れてさえいないのだ。

　本来、人を選ぶ選挙だけでなく、各々の具体的な政策について国民の意見や賛否を直接聞く制度が必要だ。

　先ほども試合にたとえて今の三権分立について述べた。

しつこいようだが再掲する。

日本が他の国や、抵抗勢力と戦っているとしよう。

今は日本の代表選手を国民が投票で選んでも、国民がいない無観客の競技場で権威のない審判のもとで試合が行われているようなものだ。

結果がこうなりましたと知らされるか、ひどい時には結果が隠されたり本当の結果を教えてくれなかったりする。

本来、国民という観客を入れて、権威のある審判のもとで堂々と戦い、その試合の経過と結果を公に見せ、観客の歓声やブーイング、やじ（意見や批評や総括）が明らかにされ、多くの国民が納得する試合とその結果を導かなくてはならない。

今は、選ばれた国会議員がプレーヤーだとされているが、実際は役所という、司法があまり介入できない密室で、官僚が陰のプレーヤーとなり、結果を国民に発表する時だけ、国会議員が自分でやりましたとアピールする。

本来の政策決定と実行には、オープンな議論の場所で、国民が意見を言い世論を反映させることが必要だ。

その過程や結果の発表について、権威のある強い司法の審判が必要だ。

国民世論を代表する国会議員と優秀な専門家である官僚が、お互いの力を協力して発揮できるような、みんなが認めるオールジャパンの体制によって様々なことを解決するべきなのだ。

今の制度に欠けているのは、国民の代表たる議員と政策のエキスパートである官僚が一体となった"立法行政府"だ。

次に、国民がスタジアムに入れる、つまり世論がきちんと表明される仕組みを全力でサポートする役所（後述する"国民府"という新しい役所）が必要だ。

さらに、"強い司法府"が必要だ。

　この3つを実現することが、日本の今後の課題を解決していくための合理的な仕組みを構築する上で必要だ。

　つまり今までの立法、行政、司法から、これから述べる立法行政府・新司法府・国民府の“新三権分立”の考えによる、全く新しい仕組みが必要なのだと考え、提案する。

①行政立法府の概要

　現在の日本は議院内閣制である。

　行政の長である内閣総理大臣は立法府の構成員である国会議員の中から選出される。

　つまり行政の長が立法府の構成員から選出される。

　首相や大臣など、国会議員から選ばれている人たちは、行政の立場と立法の立場を使い分けなくてはならない。

　同一人物が仕事を行う上で、ケースごとに立場を使い分けなくてはならない制度だ。

　その振る舞いは、システムや法でというよりも、各個人の言動にゆだねられている。

　本質的に曖昧で、非効率な仕組みになっている。

　野党議員が「政府は国会軽視だ」などと言うが、その政府の構成員もほとんどの幹部が立法府の国会議員だ。

　議員内閣制自体が曖昧で、わかりやすい仕組みではない。

　本来、この立法府と行政府は仕事の性質上、分離できうるものだろうか。

　両者の仕事は密接につながっており、基本的に分離するのは難しいのではないか。

　後に解決策を示すが、権力の集中の問題を除けば、本来1つの組織として機能すべきなのではないか。

　現状の問題点がわからなければ、改善すべき点もわからな

い。

　実際に行政を行っている人でなければ現状の問題点がわからず、どのような法律を作っていいかわからない。

　法律を作っている人でなければ法律を本当には理解できず、法律を使いこなした効率的な行政を行うことができない。

　両方を理解した人が、立法行政を行う方が、より実効的で合理的な政治を行えるはずだ。

　繰り返すが、立法府と行政府は本来不可分なものではないかと思う。

　純粋に立法府の仕事だけを行うというのは難しいのではないかと思うし、行政の仕事を行っている人のほうが作るべき新しい法律に気づくだろう。

　今の建前では、国会が法律を作る立法府となっている。

　しかし、平成25年から平成29年までの5年間で、内閣立法は388件なのに対し、議員立法は104件で全体の21％にすぎない。

　国会つまり立法府よりも、内閣つまり行政府（官僚?）の方が立法を行っている。

　これは上記の考察から当然の結果だと言える。

　今の日本の国権の最高機関と言われる国会では、もちろん、立法（のセレモニー）も行われていると思うが、我々国民には、スキャンダルや言葉尻をとらえるという本質的ではないことが多く報道され、目立つ。

　野党が政権与党のスキャンダルとか、結果としてうまくいかなかった案件について、重箱の隅をつつくような問答を延々と繰り返すことは、少なくとも立法府の主たる仕事ではない。

　本来の立法の仕事を行えないため、政府を追求することによ

り、国民の歓心を買っているようにも見える。

　もちろん、マスコミ報道が、そのような大衆が興味を引く内容に偏向しているのだろうが、国会での論議は、国の根幹に関しての透明性のある議論の場としてほしい（もちろん、国の機密事項などについては司法府などの判断で非公開討論とするのは必要だと思う）。

　NHKなどで国会中継を聞いていると、実際には官僚の作成文書を参考にした法案の細かい修正の論議が多いのではないか。

　官僚が決めた法律について無味乾燥に問答のセレモニーを行い、結果のわかった採決を行っているようにも見える。

　今の国会の議論は聞いていて、国策を決めているというわくわく感が全くない。

　本来、国の行方を議論するというのは、国民の生活に直結し関心をひきつけ、もっと多くの人のエネルギーを引き込むことだと思う。

　今の国会は、外交、内政について日本にとって重要な政策の議論をしている場には見えない。

　実際の政策論議と決定は官僚が行い、国民の負託を受けた国会議員が国民の意見を反映させることがほとんどできていないのではないか。

　現状では実際の立法行政府は官僚のいる役所ともいえる。

　役所は国民の負託を受けた国会議員とは違い、国の運命を左右するようなダイナミックな政治判断はできない。

　したがって、根幹的な議論ではなく、現行の範囲内で小さな軌道修正が主となる。

　形式上、民主主義ということで政治家がこれを追認、あるいは人気取りのために自分たちが決めているというパフォーマン

スをする。

　強硬に反対しているように見せたり、国民に発表する場を仕切って見せたりしている。

　多くは官僚が裏で政治家をコントロールしている二人羽織のようにも見える。

　本来、政治家が責任を持って国の根幹的な判断をし、それに基づいて官僚が具体的な法案を実務的に詰めるということでなければならないはずだ。

　実際には、日本では、官僚が現状維持的な立法行政を行い、行政に追従して司法官僚が司法を行っている。

　国の基本をダイナミックに決める国民民主主義ではなく、小さな問題を現状維持的に決める官僚民主主義なのだ。

　今のこの仕組みだと、最大の欠点は、大きな課題について判断するべき国民に選ばれた立場の国会議員は官僚ほど政策に強くなく、実際に立法行政を行っている官僚は国民の選挙という淘汰を受けた民主主義の代表ではないため、大きな判断をできないということだ。

　本来、国策の判断は国民の負託を受けた政治家が行うべきことだ。

　官僚は、自分の役所が昇進を決める等、生活にとって重要な場であろう。時には国の政策よりも、自分の生活の場の方が、より重要かもしれない。

　結果として、役人の選択が省益を国益よりも優先する可能性があり得るだろう。

　優秀な役人ほど省益のために貢献し、昇進することを選択するかもしれない。

　今の仕組みではこれを誰も責められない。

　役人が悪いのではない。このような仕組みが悪いのだ。

　官僚は日本の最高のシンクタンクだと思う。彼らの力は日本には絶対に必要なものだ。

　この力を省益ではなく国益のために使わなくてはならない。

　そのために、今の形式的な政治家の政治を、実務的かつ合理的に変え、官僚の力を、国益に向かわせなくてはならない。

　政府は、いろいろな問題を解決するためにあるはずだ。

　公平ではない既得権の受益集団や、外国との利害が絡む問題などに対して戦わなくてはならない。

　今までは問題解決を行える効率的で強力な組織よりも、政府の暴走を抑えるために、立法と行政を分ける方を選んできた。

　そのため、時には解決しなくても現状維持でしょうがないという雰囲気もあった。

　日本は、国として決定すべき大きな問題を解決せずに、積み残してきた部分が多い。

　安全保障の面で独立国とは思えない過度のアメリカ依存、自衛隊の国軍とはいえない曖昧な位置づけ、沖縄基地問題、中国、北朝鮮、韓国、ロシアなどとのいつまでも続く歴史・領土問題、移民問題、天皇皇室の在り方、あらゆる場面で世襲が多い社会、合理的ではない選挙制度、教育の格差、男女格差、旧態依然とした家族制度、被差別部落問題、少子化問題、不公平で複雑な税制と福祉政策などだ。

　いつまでたっても日本は大事な根本的な問題を解決しようとせず積み残してきている。

　そして何となく「日本は民度が高いので政府がだめでも日本は素晴らしいのだ」という、信仰に近い考えで民族的な自尊心を満たしている。

　実際、日本は今までは経済人と技術者が優秀であったと思わ

れてきたために、政治や外交が貧弱でも、戦後は経済一本で世界の中でそれなりにやってこられた。

しかし今や唯一の強みであった経済面でも様々な国に追いつかれ、追い抜かれようとしている。

これは日本が、哲学的、政治的に基礎がしっかりしていない曖昧な国だからだ。

合理的とは言えない社会制度が残り、人的資源を能力によって適材適所で生かし切れていないのも1つの要因だと思う。

どんな時代、どんな課題に対しても、適切に柔軟に乗り切っていくだけの社会的システムがいまだに整っていないからだ。

過去の選択を振り返ると、必ず反省点はある。

戦前の日本の過度な愛国主義の適否はさておき、日本人自ら考えた固有の思想がその中にはあった。

日本の哲学的、社会的な考え方が1つのカタチとしてあった。

当時はあらゆる分野で、世界で日本の国益を主張し、それなりに実践できていたと思う。

もちろん、今の価値観から見ると、国民、特に女性や社会的な弱者などの自由と民主主義を犠牲にしたもので、現在の哲学、倫理観では許容できない部分もある。

しかし日本固有の思想的な国柄は、今のアメリカの子分である、無機質な芯のない日本よりも強かったと思う。

今の日本の方が、国民にとって住みやすいし、はるかにいい世の中ではある。

そのような利点は残しつつ、今よりも芯があり、問題解決を図れる日本にすることができるのではないかと私は思う。

そうでなくては、国民が充実した生活が送れるような日本に

はならない。

　実際に今の日本は、世界情勢の変化もあり、今までと同じように アメリカの子分のままで、経済一本でいくとしたら、構造的に欠陥があり総合力に欠けている。

　日本は自分の頭で考え、行動し、自らの運命は自分たちで決め、その結果を受け入れ、改善していくべきだ。

　日本の発展する余地は、まずは今まで落第点だった政治、軍事力面で少なくともアメリカ以外のG7各国と同等な力を持つことではないかと思う。

　そうでなければ、国民（民間）が一生懸命頑張って獲得した儲けや権益を、強大な政治力を持つ他国に脅し取られる状況が今後も続くことになるだろう。実際に、政治、軍事力が強い中国は、国際法上あいまいな部分（例えば東シナ海における排他的経済水域の考え方）で自説を強硬に主張している。

　第二次世界大戦は、列強国が地域、世界の覇権を競った時代だった。

　現在の価値観では、列強が他国を植民地化して搾取したことは、もちろん悪となる。

　しかしあの時代は、世界的な倫理観やルールが今とは異なり、まさしく弱肉強食だった。

　日本も植民地に苛烈なことをしたとは思うが、当時の欧米列強は植民地からの搾取が主で、インフラへの投資や教育、植民地の国民の重要ポストへの登用が、日本と比べ積極的だったという事実はないように思う。

　日本は敗戦国で、基本的に無条件降伏したため、国際的な制約があり、戦後、自ら外交や国防を行い、宇宙産業やジェット機などの技術開発を含めた国益に沿った産業政策、国連での発

言力をしっかりと持つことなどができなかった。

　それが戦後75年以上たった今でも続いているのは、日本がきちんと国際社会に自ら正しいと思う考えと哲学を堂々と主張し、認めさせる努力を十分にしてこなかったからではないか。

　アメリカの陰に隠れて、敗戦を引きずり、自国の主張を堂々としてこなかった結果が、今の日本の経済力の割に存在感のない国際的な立ち位置となっている。

　日本は国内の“革新”と言われる何でも反対の勢力や、欧米、中国、韓国などの様々な干渉などを受けているせいか、萎縮し、自らの国益を堂々と主張する気概と実行力に欠けている。

　日本はしっかりとした政治的な仕組みを作り、オールジャパンの体制で合理的な言動で国際社会に訴え、堂々と国の進路を切り開いていかなくてはならない。

　敗戦国であることや、価値観が合わず、結束に欠けるアジアの一員であることは変えようのない運命だが、そんなことにいつまでもとらわれずに、堂々と進まなくてはならない。

　今の日本型の非効率で非合理的な三権分立制度は、日本を力強く前進させ、国益を追求しているようには思えない。

　政府のスキャンダルを延々と追及することなどよりも、国会を本当の国策的な議論をする場にしたい。

　役人が陰の主役となり国民の意見が反映されない現状維持の小さな政策から、国益追求のダイナミックな政策へと転換する仕組みが必要だ。

　合理的に考え、議論し、判断できる仕組みが必要だ。

　非効率かつ責任の所在が曖昧な統治体制を変えなくてはなら

ない。

　立法と行政を一体化した立法行政府が必要だ。

　責任を持ち、日本の国益に沿った施策を力強く行っていく組織が必要だ。

　強力な権力を付与するため、権力を行使する政治家を合理的な方法で国民が納得する選挙方法で選ぶことが必要だ。

　国民に選ばれ、国益を考え大きな判断をし、選挙の洗礼があるために国民に向かい合わなくてはならない人材（国会議員）をきちんとした選挙制度で選ばなくてはならない。

　かつ、政策のエキスパートとして優秀な人材である役人を、国益のために十分に活用しなくてはならない。

　適切な政治家や官僚がいる強力な立法行政府により、国益を優先した、合理的な立法行政府を作るべきだ。

　今以上に強力な権力を付与するため、政策に強い政治家を選ばなくてはならない。

　世襲、顔、政治家としての実力以外での人気、資金力、人脈などのみで選ばれるのは適切ではない。

　力のあるボスの後押しで党の公認を得て、国民も党の公認だからとあまり考えずに投票するような選挙を、候補者も国民も改めなくてはいけない。

　政治家が、役人による政策決定の肝の部分から蚊帳の外の立場とならないようにしなくてはならない。

　パフォーマンスよりも、政策を考え、立法化し、実行することに時間を注ぐ仕組みにしなくてはならない。

　そのために、国民に選ばれた政治家は、官僚と一緒に省庁（行政府）で、課長や局長のカウンターパートとして日々一緒に働き、改善点を考える。

そして、立法案を作成し、立法化するために国会（立法府）に集まり、採決を行う。

つまり議員と官僚を統合し、かつ立法府、行政府を統合する。国会議員は法案に詳しい官僚と共に働き、議論できるだけの見識が必要となるため、かなり勉強をしなければならない。

世襲、顔、人気、資金力などだけで選ばれたとすると、議員として働くのは難しい仕組みになる。

本来の立法行政府で働くにふさわしい、有為な人材が選択されるようになるはずだ。

実際に、官僚と政策を議論することが仕事となるために、勉強しなくては日々の国会議員の仕事が全うできずに居場所がなくなる。

官僚も、国民に選ばれた議員と共に仕事をすることにより、今よりも民意、国益を重視し、より大きな判断に携われるようになる。

つまり、国県市区の議員は普段は役所で勤務して役人と議論し、そして立案し、立法の時に議会に集まる。

さらに、日本の国会は、衆議院議員、参議院議員の二院だが、決定が遅く権力の独走を抑えるチェック機構（後述する新司法府、国民府の創設）がきっちりしていれば、一院の方が望ましい。

世界的にみると、2007年、二院制77か国（40%）、一院制118か国（60%）と、実は一院制の国の方が多い。

よって、日本でも今後はチェックを行える仕組みをしっかり整えた上で、効率的な一院政の立法行政府とするべきだ。

②新司法府の概要

　効率的な政治を行うために立法府と行政府の統合を提案してきた。

　両者が分かれているのは非効率的、非合理的であるため、統合した立法行政府を作った場合、効率的にはなるが近代政治ではかつてないほどの強大な権力機構となる。

　今までは、意思決定実行の効率性よりも、権力の独走を恐れ、立法府と行政府を分離し、お互いを牽制する選択をしてきた。

　ここでは、立法行政府を作り、効率的だが強大な権力を作る代わりに、チェックをする今までにない合理的かつ強力な仕組みを提案する。

　そもそも、SNSが発達しておらず、マスコミの自由も必ずしも保障されていなかったモンテスキューの時代とは違い、今は昔と比較にならないほど多くの目で監視されている。

　まずは、このマスコミの自由を法的に最大限に保障する。

　かつ、後述する国民の意見を反映させるための役所である"国民府"を創設する。

　次に、この項で述べる強い"新司法府"の創設を提案する。

　この3つのチェックの仕組みについて述べていく。

　強い"新司法府"の創設について述べる。

　現在は、最高裁判所、高等裁判所（札幌、仙台、東京、名古屋、大阪、広島、高松、福岡）、各県にある地方・家庭・簡易裁判所の三審制だ。

　実際は二審への控訴は行うものの、最高裁への上告は限定されており、事実上の二審制となっている。これらの裁判所の裁判官は任命制で、選挙の洗礼を受ける公選制ではない。

　立法行政府に比べ、民主的な手続きを経ていないため、国民からの民主的な権力の負託という点で弱い。

　そこで、司法の幹部を公選制とする。

　もう1つ、今の日本では、一切の法律、命令、規則、処分が憲法に適合するか否かの違憲審査権について、司法府に、抽象的違憲審査権が付与されていないことが、司法権が弱い理由ではないか。

　具体的な行為に対する付随的審査は行うが、具体的な訴訟とは関係なく行う抽象的審査を行えない。

　特に、行政の統治行為についての抽象的違憲審査を行わないために、行政府に対して逃げているように見え、牽制力に欠ける。

　裁判所に、今までのような具体的な訴訟事件についての違憲審査に加えて、法律そのものに対する抽象的違憲審査の権限をも与えれば、司法の強化になる。

　そこで、司法府に公選制、抽象的違憲審査の2点についての改革を行い、立法行政府と対抗する強い新司法府を作り出す。

　現在の地方（50か所）・家庭（50か所）・簡易（438か所）裁判所に相当する裁判所として、新しい定義の"市"、"区"に裁判所（今後"市法所""区法所"と呼ぶ）を置く（約120か所）。

　よって、簡易裁判所分は大分集約される。

　現在の8つの高等裁判所に代わっては、前述した国の出先機関としての9つの州に1か所ずつ、裁判所（今後"州法所"と呼ぶ）を置く。

　現在の最高裁判所と憲法に関する抽象的違憲審査の権限を加えた裁判所として、首都である正光都に裁判所（今後"国法所"と呼ぶ）を置く。

つまり合計10か所の国の裁判所を置く。

現在の三審制は、市法所、州法所、国法所として維持される。

州法所と国法所は両方とも国の組織である。

前述の9州の国の出先機関を挙げたが、各州の地理的な中心を考えた場所に州役所を置くために、今の高等裁判所の位置とは異なり、それぞれの州法所は、敷香、旭川、盛岡、宇都宮、甲府、岐阜、奈良、岡山、熊本に置かれることになる。

各裁判所は、法律に対する抽象的違憲審査の権限も加わるため、今までのように国会議員選挙の1票の格差や、日米安保による米軍兵の犯罪捜査の取り決めなどに対して、「具体的事例に対しての付随的審査しかできない」という曖昧な態度は許されず、法や取り決めそのものが合憲なのか否かを判断しなくてはならなくなる。

統治行為論、すなわち国家統治の基本に関する高度な政治性を有する国家の行為について、今までのように司法審査の対象から除外するということをさせない。

司法府は今までとは異なり、抽象的違憲審査についてもきっちりと権威を持って判断することが求められる。

法体系全体の番人として権威ある司法府となるべきだ。

次に、現在裁判官は任命制であり、選挙で選ばれていない。

民主主義では選挙で選ばれた為政者が、民主的な正当性があり、権力の上位に位置する。

したがって、今の日本では国会議員がいる立法府である国会が、国の最高決定機関という位置づけにある。

つまり任命制の裁判官は、国会議員よりも民主的な権威があるとはなっていない。

　司法府に、より権威を持たせるために、この任命制の裁判官について、幹部については選挙で選ばれるようにする。

　後に詳しく述べるが、市法所、区法所の長（今後“市法長”“区法長”と呼ぶ）、県法所の長（“県法長”）、国法所の構成員である各市の代表の1名（“国法員”）は、市民の直接選挙で選ばれ、国法所の長（“国法長”）は国法員による選挙で選ばれるようにして、民主的な権威を付与する。

　このように、司法府の幹部も、立法行政府と同じく、市民、国民により選ばれるようにする。

　これにより、司法府に立法行政府と同等の民主主義における正当性を持たせ、立法行政府に対抗しうる権威を持たせる。

　以上のように、2つの大きな改革を行う。

　新しい司法府に、抽象的違憲審査権を与える。

　さらに選挙の洗礼を受けることにより民主主義での正当性を持たせる。

　この2点の司法府の改革により、立法行政府と渡り合う強力な新司法府を作りだす。

③国民府の概要

　前項で、強い立法行政府を牽制する仕組みとして、強い司法府への改革案を書いた。

　次に“国民府”という恐らく他国にもない新しい概念の統治機構を提案する。

　大体の人は、陰で悪いことをする。多くの人が見ている前で悪いことをするのは、ペナルティー覚悟の確信犯以外はあまりいない。

　多くの人が見る仕組みの1つが、マスコミやSNSだろうが、

もっと国民が政府を直接監視できる仕組みを作るべきだ。

　多くの国民の目があると、政治家は選挙があるため、より多くの批判に耐えられるように行動するだろう。公正で、より道理に合った選択をするに違いない。

　今は国会議員が一応国民の代表という制度上の位置づけになっていて、国会で行政（政府）に対する質問や提言を行う。

　しかし、それらは本当に国民が知りたいこと、してほしいことかはわからない。

　公開されている情報が限られ、その一部をマスコミのフィルターを通してバイアスがかかって知ることが多い上に、各々の政策に対して国民の意見を表せる機会がほとんどないからだ。

　国民へのアピールは、選挙がある彼らにとって、重要なことだろう。

　政府が説明不足の時や、合理的で公正な判断をしなかった時などは、特に野党議員は「国会軽視も甚だしい」とか「もっと時間を使って審議を尽くせ」などと言って怒って見せる。

　しかし一般国民から見ると、そもそも国会議員は、選挙の時だけアピールする自分たち国民からは遠い存在で、我々の代表であるという実感がほとんどない。

　国会で、一見対立しているように見せている一連のやり取りも、ほとんどの国民が冷めた目で見ている。

　国会本会議の前段階で、すり合わせがされているのではと思っているし、そもそも国策についてというよりも、スキャンダル等の些末なことで対立する場合が多いからだ。

　特定の利益集団の優遇などの不合理な決定に対して、国民の怒りを和らげるための茶番なのではないかと思う時もある。

　選挙が終われば、国会は誰が何をやっているのかも国民にはよくわからず、遠いところでの出来事になっている。

　国会は些末な揚げ足を取ることに、時間と税金をかける場ではないし、国民もそういったことを面白がってあおるべきではない。

　国会は国の行く末を決める重要事案について、政策決定のプロセスを、国民にオープンにし、政策論争を行うべき場所だ。

　本来、選挙で選ばれた我々の代表が、政策のエキスパートである役人と日々議論し、切磋琢磨し、立法行政を行うべきだ。

　特別な国家機密などを除き、その過程をもっとオープンにして国民全員が可能な限りチェックでき、国民の意見を政策に反映できる仕組みが必要だ。

　その一番わかりやすいのは世論調査だろう。

　現在のネット技術を駆使して、国民の意見を政策ごとに賛否を聞くような組織と仕組みを作れば、今以上に国民のチェックがかかり、意見が反映されることになる。

　大規模世論調査を、各課題で日常的に即時に行えるようにする。

　また、公職が適任ではないと思われた場合のリコールも適宜行えるようにする。

　そして叙勲制度は、先に天皇制の法人移管を述べたが、皇室と絡めないようにする。

　今は、行政府により受勲者が決められている。

　官：民の比率を約6：4とする慣習も残っており、「長年にわたって地域社会に貢献してきた人よりも、選挙で選ばれたわけではない自治体幹部などが優先され、その地域社会の人たちも不自然に思うほど官民のバランスがとれていない」として、官尊民卑の傾向が強いとも内閣府の懇談会でも指摘されている。

　仕事を頑張ってきた人が何らかの感謝の気持ちを国として表すことはあってもいいと思うが、対象者は行政のお手盛り人選ではなく、国民が感謝したくなる人であるべきだ。

　よって、今までの行政府の手前味噌的な人選から、国民府により選定を行うこととする。

　これにより、より国民の気持ちに沿った対象者が選ばれると考える。

　もちろん、以上のことを行う上で、国民が知りうる情報は政府側に比べ著しく少ない。

　その範囲内での国民の反応となるため、世論が必ずしも正しいとは限らない。

　よって、調査された世論はあくまでも政府に対する国民の意見の表出である。

　ポピュリズムとならないように、世論結果が政策決定に法的制限を持たせるまでにはならないと思うが、少なくとも政府は世論に対してきっちりと説明し、国民の理解を得るという作業を丁寧に行うことが、今よりも必要になり、権力チェックとなる。

　もちろんポピュリズムに陥るのは避けなくてはならないが、国民府があれば、国民の世論を今よりも慎重に探りながら、政治家が正しいと思うことを判断することがより必要になる。

　今までよりも明確に示される世論に対して、丁寧に反応しないと支持が得られず、リコールへとつながることもあり得るだろう。

　このシステムにより、政府は今まで以上に世論を気にしなくてはならなくなるに違いない。

　国民が疑問に思うことや、提案を受け付け、ある数以上になったら政府は必ず回答しなくてはならない仕組みも作る。

　世界ではすでにそういう例がある。

　イギリスでは1万件以上の署名で政府から回答、10万件以上で議会審議、フィンランドは5万件以上で議会議決となっている。

　この仕組みを作るには、1つのテーマに対して同じ人が何回も投票し、バイアスがかからないように、マイナンバーのような制度が必要となる。

　今後、様々な行政を行っていく上で、ツールとしてこのマイナンバー的なものは非常に重要なものになってくる。

　例えば、世論やリコールの電子投票、後述するように税の公正で網羅的な徴収のための商取引の記録、健康保険、後述のベーシックインカムの支給などの実現に必要になる。

　今まで国民は個人情報を政府に握られることに強い拒否感を示してきた。

　今回、国民府を作る1つの重要な意味として、立法行政府ではない、国民側に立った役所が創設される点にある。

　国民府は、立法行政府とはある意味対立する組織である。

　国民府による管理ならば、国民も行政府の為政者に自分の情報が把握されるという恐れは薄れるのではないか。

　一方、政府側には、必要な個人情報管理により、効率的な政治が行える利点がある。

　物事を進める時に、欠点があるからといって、大きな利点を犠牲にするというのは合理的ではない。

　メリットとデメリットを比較し、何とか工夫をして、よりデメリットを小さくして効果的な方法を選択していくべきだ。

　欠点があるからといって一歩も踏み出さず、他国に先を越されるという、今の臆病でナイーブで事なかれ主義の日本を変え

なくてはならない。

　閉塞感漂う日本は、今こそ前に踏み出さなくてはならない。

　心配しすぎて何もしないのは国家的な怠慢だ。

　マイナンバー制度は、公正で網羅的な社会制度を行うためには今後必ず必要なツールだ。

　例えば銀行口座の紐づけができていないために、わかっているだけで日本には毎年7兆円以上の脱税がある。

　新型コロナ感染に対しては、韓国や台湾のように感染者の接触情報の把握やマスク販売管理、一時金の給付などが効率的に行えなかった。

　基礎年金番号、健康保険番号、パスポート番号、納税者整理番号、運転免許番号、住民票コード、雇用保険番号についてすべて管理がバラバラで、関連づけられていない。

　行政を行う上で、非効率的かつ不正確になっている。

　日本では2020年5月現在で、マイナンバーカードの普及率は16.4％と低い。

　マイナンバー制度的なものは、世界でも欧米、東アジアを中心に取り入れられている。

　一番進んでいるのがスウェーデンで、出生時に病院は出生したことを国税庁に知らせる義務がある。

　氏名、住所、キリスト教の管理教区、本籍地、出生地、国籍、婚姻関係、家族関係、所得税賦課額、本人及び家族の所得額と課税対象資産、保有不動産などを税務庁で把握する。

　クレジットカード、家族の所得、資産も管理され、福祉サービスもマイナンバーで管理される。

　金融関係のやり取りにもマイナンバーが義務づけられ、通院履歴、個人売買契約もすべて管理されている。

　課税は自動的に行われ、確定申告もサインのみである。

　確定申告、社会保障、免許証、自動車登録、建築許可申請、出生届、婚姻届け、年金、医療予約、教育、民間保険、銀行など広範な分野で使用されている。

　このようなマイナンバーの運用にあたって、重要な課題としてはセキュリティーの確保がある。

　例えば、韓国ではクレジットカード、住民登録番号などをすべて1つの個人番号で一元管理しているが、2014年にクレジットカードと預金関連の情報が1億4000万件流出した事件があった。

　マイナンバー的なものは便利なツールとなるが、セキュリティーの確保が重要となる。

　次に、犯罪防止や新型コロナなどの感染予防の監視などの観点から、監視カメラ網の設置も必要と考える。

　その管理も、プライバシー保護の観点で、立法行政府の為政者ではなく、この国民府で行えば可能となるのではないか。

　監視カメラは諸刃の剣だ。

　例えば中国では「天網」という監視カメラシステムがある。

　AI、顔認証を利用し、1秒で中国国民の照会が可能と言われ、中国公安部は音声、指紋、虹彩、DNAと組み合わせてデータベースを作っている。

　犯罪者、行方不明者の発見のためだけではなく、少数民族の弾圧などにも使われていると2017年のボイスオブアメリカ等で言われている。

　これも、国民情報の把握を行政府が行っているからこそ生じる問題だと思う。

　特に中国は実質上共産党独裁で、共産党という特定の政治的

思想が強い集団がコントロールしている政府なので、中国国民としては政治的目的のプライバシー侵害の可能性を恐れるだろう。

　世界の監視カメラは人口1000人あたり、重慶168台、深圳159台、上海113台、天津92台、済南73台、ロンドン68台、武漢60台、広州52台、北京39台、アトランタ15台と、中国は監視カメラだらけだ。

　ちなみに東京0.65台、北九州0.21台と、中国に比べるとわが日本は非監視社会だ。

　国民の自由という点ではいいが、犯罪や新型コロナ感染や失踪者捜索のような、いざという時には国がツールを持たないという欠点もある。

　立法行政府が管理すると、個人情報の把握と監視につながるという恐怖があるが、国民府のような中立的な国民側の組織ならば、その効率性を利用しつつ、中立性も担保できるのではないかと考える。

　国民府は、世論調査のような国民の意見を反映するのが本来の目的だ。

　それに加えてここで述べたように、マイナンバーや監視カメラという本来社会システムの構築上、効率的ではあるがプライバシーや人権の保護という点ではマイナスである仕組みを取り入れるためにも、必要な統治機構となる。

　立法行政府の効率性と、国民生活の自由の保護という両者の両立のために、国民府のような組織が必要となる。

　さらに、報道の自由の徹底は、自由民主主義を守るためには、絶対に実現されなくてはならない。

　為政者は、これを規制することは許されない。

　公的機関による民間への監視的な仕事も、立法行政府ではなくこの国民府の仕事とする。

　日本の報道は、実は国際的にそれほど自由とは思われていない。

　「国境なき記者団」が発表する「世界報道自由度ランキング」でも60位くらいと意外と評価は低い。

　これは次のような理由からだ。

　日本には、記者クラブという報道の自由の対極にある閉鎖的な仕組みがある。

　そして、政府に情報が集中しているため、政府発表をうのみにしがちになる。

　また、戦場や被災地などの危険な地域に自社の記者を派遣しないで、フリージャーナリストに頼る傾向がある。

　さらに原子力産業などで見られるようなお抱え記者と業界との癒着もあるといわれている。

　日本の記者は、自分たちにも既得権があり、チャレンジすることが少ないようにも見える。

　真実を知らしめるというよりも、今の状況に安住し、記者仲間との調和を優先し、権力や自分の生活を気にせず社会正義を実現しようとする反骨精神が足りない部分があるのかもしれない。

　しかし、このような報道側の問題は、民間の問題なので、それこそ国がどうこう言う問題ではなく各社の改善に期待するしかない。

　ここでは、国側、つまり法律などの制度上の問題で、報道の自由のために何ができるのかについて述べる。

　報道は、基本的に完全に自由でなくてはならない。

　取材も例えば法廷での写真、録音、録画も原則、法的に自由

とする。

　ただし国益の損失、あるいは個人や団体の生命や存続にかかわるような重大な不利益になると司法府が判断した場合には、制約されることが必要だ。

　記者クラブを独占禁止法の考え方で、法的に廃止し、所属していないフリーランスや外国人記者の締め出しを行わない。

　政府に批判的なキャスターなどへの圧力は法的に禁止する。

　今までも2014年に、TBSがアベノミクスの効果が感じられないとの街頭インタビューの報道をしたこと等に対し、自民党が総選挙報道の公平中立の要望書を提出した。さらに、政府がNHK会長人事に介入したとの報道もあった。

　これらのことも倫理的にだけでなく、法的に禁止する。

　立法行政府ではなく、国民側の組織である国民府の管理に属するくらいがちょうどいいバランスなのではないか。

　あと、NHKは安定した経営基盤で中立的に思う存分取材報道をするべきだ。

　今のように視聴料を徴収する不安定な経営状態では、政府や国民におもねらない独立の姿勢を保てない。

　よって、国民側の立場の組織である国民府に属し、より確実な収入である税金にて運営するべきだ。

　それにより国側ではなく、またポピュリズムに流れた国民側のみの視点でもなく、中立的に情報発信するようになる。

　NHKに限らずマスコミは、立法行政府から距離を置き、かつ民衆の感情的なポピュリズムからも距離を置き、両者からの中立を保つべきだ。

　ほかに、平成25年に成立した特定秘密保護法が世界報道自由度ランキングを下げる原因となっている。

　特定秘密保護法は国の安全保障に著しい支障を与えるとされる情報（特定秘密）を、外部に知らせたり外部から知ろうとしたりする人などを罰する法律だ。

　これまでに福島原発事故や日米関係の情報で検閲、警察や司法の嫌がらせがあったとも言われている。

　立法行政府のみで特定秘密か否かを決めるのではなく、基本的に司法府が決めるべきだ。

　さらに可能な限り国民府も何らかの形で介入するべきだろう。

　司法府、国民府で特定情報ではないと判断された場合は、情報を公開することを原則とする。

　強い権限を持つ立法行政府は、なるべく多くのことが情報開示され、世論の論評に堪えうる透明性のある堂々とした立法行政を行わなくてはならない。

　強力な立法行政府だからこそ、ガラス張りに近い状態で国民の批判に堪え、説明し、理解を得る手順を踏んで独走しない仕組みにしなくてはならない。

　それを行う上で大きな柱となるのが、この国民府ということになる。

　教育、中央銀行、治安などの、なるべく立法行政府からも、ある特定の利益集団からも距離を置くべき仕事も国民府に託す。

　これらの仕事を司法府に託すというのはあまりにも本来の業務から外れていて現実的ではない。

　立法行政府の監視という主目的のために、立法、行政に属すと中立性が保てないと思われる部門を、この国民府に所属させる。

　それらには、選挙管理、試験管理、教育機関、中央銀行、検察・警察・消防などが含まれる。

　為政者が恣意的に偏った採用や、教育、適正でない通貨発行や、取り締まりなどを行うことは、国民の自由と民主主義の点から許されない。

　これらを国民府に所属させることにより、中立性が担保され、かつ立法行政府への強い牽制となる。

　選挙管理は、現在総務省中央選挙管理会で行っている。

　5名の委員からなり、国会議員以外の参議院議員の被選挙権を有する者の中から各党の推薦により国会が議決、内閣総理大臣の任命となっている。

　現在は自民党2名、公明党1名、立憲民主党1名、国民民主党1名からなる。

　都道府県市町村では選挙管理委員会があり、4名の委員からなり任期4年だ。

　当該自治体の選挙権を有するものからなり、こちらも行政府関連の委員から構成されている。

　議院内閣制では、このように立法府と行政府は関連し、自分たちで選挙に関するルールを決めている。

　現在立法府の議員の選挙に関する選挙区や定数、1票の格差問題などの解決は国会、つまり立法府で行うことになっている。

　しかし自らの利害に関することを自ら決めることは、それぞれの利害が絡み合い、公正に行うのは難しいのではないだろうか。

　そもそも自分たちの議席が減る法案を作ることを国民が期待するのは無理がある。

　定数是正が行われないのは国会議員が悪いというよりは、今の制度が合理的ではないからだ。

　アメリカでは連邦選挙委員会という独立機関があり、委員は6名で、大統領より指名され、上院で承認される。

　大統領制では、立法府と行政府は議院内閣制に比べれば分離されているので、日本よりは客観性が担保されているかもしれないが、それでも十分ではない。

　いずれにせよ公正な選挙制度の確立には、公正な選挙を司る組織が必要である。それを立法府自身に任せては、自分たち立法府の議員が有利になるように判断されてしまうのは当然であり、制度的に適切ではない。

　ここで述べた国民府が公正中立の立場から選挙区、定数を決定するようにすれば、より適正な選挙の仕組みとなるだろう。

　司法試験は法務省、公務員試験は人事院（内閣の所管）、大学入学試験は文科省が所管である。

　大学入学試験はともかく、本来権力側の採用は、思想的に体制側が必要と思われる人を恣意的に選抜するべきではない。

　そうすると、同じような考え方の人間が集まり、硬直した組織となる可能性があるからだ。

　その時に先鋭的な考えでも、国家の将来のためには有益な考えというのは必ずあるはずだ。

　様々な考えを持った有能な人材が中立的に採用されるべきである。その上で、所属組織が適材適所で人材活用すればよい。

　その意味でもこれらの国家の人材の選抜には中立性のある組織、つまりここで述べている国民府で行うことは意味があると考える。

　中央銀行には、政府が目先の諸問題の対応を優先し、通貨価値の保持を怠らないために独立性が必要である。

　為政者のモラルハザード防止のために、現在の国債発行に加え、後述する政府発行通貨の限度額も中立的な組織で設定する必要がある。

　今の日本は、中央銀行の業務は財務大臣の認可、承認が必要となっている。

　その中で、行政の権限は必要最小限に制限される仕組みもあることはある。

　中央銀行の中立性の担保のために、1998年の日本銀行法改正により、政府の監督権限は、合法性のチェックのみとなっており、例えば日本銀行の監事をなるべく活用することになっている。

　経費に関する予算の認可対象の限定もある。

　認可を行わない場合の理由の公表も必要だ。

　しかしこれらは、行政府の為政者の運用に任される部分があり、曖昧さが残る。

　これらを制度化し、真の中立性を持たせるために、中央銀行（の権限）もこの国民府に編入し、政府からの独立性を担保するべきだ。

　教育を担当するのは、現在、都道府県市町村に置かれる行政委員会としての教育委員会、教育庁、教育局だが、思想的、政治的に、首長などの行政から強い影響を受けない立場であるべきだ。

　職務は、人事、入退学、組織、教育課程、教材、校舎などの設備、研修、環境衛生、給食、スポーツ、文化財などになる。

　これらも制度的に、より明確に独立性を担保するために国民

府に設置するのは妥当であろう。

　治安組織も現在は行政府の中に組み込まれている。

　検察は法務省に所属している。

　警察庁は内閣総理大臣所轄の国家公安委員会に設置され、各警察本部、警視庁は都道府県公安委員会に設置されている。

　よって立法行政府の犯罪に対して、厳密には公正中立ではない余地を残している。

　実際に今の日本の法律では、法務大臣の検察に対しての指揮権発動の権限等があり、捜査を制限する権限が行政府に担保されている。

　これを制度的に断ち切り、捜査は中立としなくてはならない。

　消防の組織は市町村消防本部に設置され、国は総務省消防庁、東京都は東京消防庁、県は消防主管課に設置されている。

　これら治安に携わる実力部隊は、本来行政側のみならず国民側にも立つべきで、国民府に設置されるのがふさわしいと考える。

　以上、国民府の役割についていろいろ述べた。

　為政者よりも国民側に立つべき組織として位置づけた。

　今まで述べた国民府の仕事を以下にまとめる。

世論
〈マスコミの報道の自由の守護〉
　●NHKの運営、マスコミ活動の自由の保障
〈国民の情報管理〉
　●マイナンバー管理

- 年金、雇用保険などの管理（後述するこれらに代わるベーシックインカムの管理）
- 監視カメラの管理

〈国民の意見の集約〉

- 世論調査
- 電子請願制度（含む、リコール請求）
- 叙勲対象者の選定

管理

〈選挙管理〉

- 選挙区、定数の設定
- インターネットでの自宅での投票

〈試験管理〉

- 司法試験、国家・地方公務員試験、大学入学試験

〈教育機関の管理〉（ハードは立法行政府、ソフトは国民府）

〈日本銀行の管理〉（ハードは立法行政府、ソフトは国民府）

- 政府通貨発行額

　　今までなら国債発行額、今後は政府発行通貨額も

　　発行上限値の設定。債務対名目GDP比などで決める

治安（ハードは立法行政府、ソフトは国民府）

〈検察、警察、消防〉

（2） 新三権分立の為政者の選ばれ方

　近現代では、多くの民主的な国は、司法、立法、行政の三権分立の仕組みを選択してきた。

　王政などの独裁体制を経験してきた社会にとって、権力による強圧政治を防ぎ、人権を守る画期的な統治機構であった。

　時代を経て、現代ではより複雑で多種のことを合理的にかつ

効率的に判断する必要がある。

　旧態依然とした三権分立の制度は、現代でも有効に機能しているだろうか。

　効率性、合理性という点で欠陥がないだろうか。

　今まで立法と行政の一体化による効率性と合理性の向上を提案した。

　また、立法行政府へのチェック機構として、司法の権力強化と新しく国民側の役所としての国民府を提案してきた。

　今までの三権分立に対して、立法行政府、新司法府、国民府の新しい三権の概念を提案してきた。

　国と地方の役割分担はすでに述べたが、これらの役所の人員は、具体的にどのように選ばれ、どのように運営されるべきか。

　ここでは、その具体的なイメージを示す。

　市は、領域内が住居、産業分布などでバラエティーに富んだ構成になる方が様々な施策を行いやすい。

　現在の政令指定都市が人口100万人くらい。

　日本の大都市8つ以外の市は、100万人以内の人口である。

　新しい“市”としては、80〜120万人の人口ごとに設置するのが適当だろうと思う。

　すでに述べたように、8大都市については“県”とし、“区”を置くことを提案した。

　首都を奥州市あたりに置くとした（“正光都”と命名）。

　つまり、1都8県約120市となる。

　これらの各市、区、県ごとに、直接選挙が行われる。

①立法行政府の為政者の選ばれ方

　人口100万人ごとに"市"を設置する。

　200万人以上の大都市8つは"県"とし、その中に100万人ごとに区を設置することは既に述べた。

　市、区ごとに長（"市政長""区政長"と呼ぶ）、市、区の議員（"市政員""区政員"と呼ぶ）を選ぶ。

　市政員、区政員の数は現在、政令指定都市で平均61人、県会議員数は35〜127人、つまり100万人くらいの自治とすると、2万〜10万人に1人の議員数となっている。

　よって現在の市町村にはさらに議員がいることも考慮し、市と区の議員数は人口1万人に1人くらいでいいのではないか。

　よって大体、市、区ごとに約100人の市政員を選出する。

　市政員、区政員は市区政長により、市、区の役所（それぞれ"市政所""区政所"と呼ぶ）に配置される。

　次に新しい8つの県の選挙により県の首長（"県政長"）、県の議員（"県政員"）を選ぶ。

　新しい8つの県の議員は何人くらいが適当だろうか。次のように考える。

　東京都では、人口1400万人、23区で965万人（約69％）である。

　都議会議員127人の内23区の議員数は69％の88人くらいと考える。

　各区議会議員の総数は約900人である。

　つまり都の23区に関する議会議員数は、区議会議員数の総数の10分の1である。

　（一方、都の職員数17万人なので、23区ではこの69％の職

員12万人と仮定する。

　区役所職員の総数は6万人なので、都庁の23区に関する職員数は、各区役所職員の総数の約2倍である。）

　新しい県は区に権限をなるべく与え、主たる仕事を区の間の調整と予算配分だけとすると、新しい県の職員数と議員数は、「東京の都議会議員数」と「各区議会議員数の総和」の比と同等くらいでよいと考える。

　つまり、10分の1くらいでよいと考える。

　よって、区政員が人口1万人に1人なので、県議員（"県政員"）は人口10万人に1人くらいでいいのではないか。

　例えば東京23区の965万人の人口だと約97人の東京県政員が選出される。県政員は県政長により県の役所（県政所）に配置される。

　国会議員数は、衆議院議員465人、参議院議員248人の合計713人で、人口約17万人に1人の割合だ。

　一院制にして、国会議員（"国政員"）数は、人口17万人に1人選出とすると国政員は約738となる。

　一方、中央官庁の局数は83、課数は655の合計738だ。

　全くの偶然だが、国政員と中央省庁の局課数は同じとなる。

　選ばれた国政員を各省庁の局、課に配置する。

　国政員は人口100万人である市区ごとに約6人の選出となる。

　国の行政立法府の長（"国政長"、国家元首）は、国民の直接選挙ではポピュリズムに流され、例えば有名な人気者が選ばれる可能性が出てくる。

　市区は地域に密着した実務が主であり、国レベルよりもよく知っている身近な候補者が多いだろうから、住民の直接選挙で

リーダーが選ばれるのは適切だろう。

　国のリーダーは、より企画力が必要な職務が多くなり、市区レベルに比べて住民から普段親しみがあまりない遠い存在となりがちだ。

　表面的な人気のみでその能力を推し量るのは適切ではないと思う。

　そこで、一般国民よりも、より政治に関与している、各市区で選ばれた国政員らによる投票の方が、より実務的で人気に流されないリーダーが選ばれる可能性が高くなる。

　アメリカの大統領選挙も国民投票、選挙人の投票と2段階になっているのはそういった意味も一部あるのではないか。

　そこで、国政長は国政員約738人の互選により決める。

　この時、各国政員の投票数は各人1票ではなく、その人が選挙で得た得票数とする。

　その方が国民の総意をより反映しているはずだ。

　投票を繰り返し、最終的に投票数の過半数を得たものを国政長とする。

　オリンピックの開催都市を選ぶ時の投票と同じやり方だ。

　国政長が選出された市区では、国政員の再選挙となる。

　国政員は国政長により、各省庁（"国政所"）に配置される。

　以上をまとめると立法行政府として、市区ごとに市区民の直接選挙により、市区政長1人、国政員約6人、市区政員約100人が選ばれる。

　県民の選挙により県政長が1人、県政員が10万人に1人、東京23区なら97人が選ばれる。

　選挙権、被選挙権共に選挙時に日本国籍のみを有しているこ

ととする。

　多重国籍は不可とする。

　さらに選挙権は18歳以上、被選挙権は、市政員や県政員は25歳以上とする。

　各首長と国政に携わる為政者の被選挙権は30歳以上とする。

　市区政長や県政長（後述の司法府の市区法長や県法長、国民府の市区民長や県民長も）、国政員（後述の国法員、国民員も）は、出生時から選挙時までのすべての期間で、多重国籍ではなく日本国籍のみを保有している者とする。

　職務期間中も、他国籍を取得した時点で職位失効とする。

　市や県のような地域の統治機構の議員はともかく、首長や国の統治機構の議員に関しては、生まれた時からずっと日本国籍のみの保有者であるべきだ。

　選挙権も、市のような地方に関しても外国籍の者には選挙権は与えない。

　日本の針路は日本国籍単独保有者が決める。

②新司法府の為政者の選ばれ方

　市、区の住民の選挙により、司法府の市区の長（"市法長""区法長"）と、国の司法府の構成員（"国法員"）が各1名選出される。

　県の住民の選挙により"県法長"が選出される。

　全国で約120名の国法員による互選で国の司法府のトップである"国法長"が選出される。

　選出された市区では、国法員の再選挙となる。

　国法員は国法長により、全国の国の9か所の州法所と国法所に配属される。

選挙の選挙権、被選挙権は日本国籍のみ保有している者のみ。

選挙権は立法行政府と同じく18歳以上。

被選挙権は、司法試験合格者で法曹三者が前提である。

出生時から選挙時までのすべての期間で多重国籍ではなく日本国籍のみを保有している者で30歳以上とする。

職務期間中も他国籍を取得した時点で職位失効とする。

③国民府の為政者の選ばれ方

市、区の住民の選挙により、国民府の市区の長（"市民長""区民長"）と、国の国民府の構成員（"国民員"）が各1名選出される。

県の住民の選挙により"県民長"が選出される。

全国で約120名の国民員による互選で、国民府のトップである"国民長"が選出される。

選出された市区では、国民員の再選挙となる。

国民員は国民長により、国の役所（国民所）に配属される。

選挙の選挙権、被選挙権は日本国籍のみ保有している者が前提となる。

選挙権は立法行政府と同じく18歳以上。

被選挙権は、マスコミ（新聞、テレビ、通信社など）の記者8年以上の経験者が前提である。

義務教育（後述するが、義務教育は17歳までと提案する）終了後、資格取得に4年かかるとして、その後の実働8年間で、大体30歳くらいとなるのではないかと思う。

出生時から選挙時までのすべての期間で多重国籍ではなく日本国籍のみを保有している者で30歳以上とする。

　職務期間中も他国籍を取得した時点で職位失効とする。

④為政者のまとめ
　下記で（　）内は役所名。下線は住民に直接選ばれる為政者を示す。

市区（市区政所、市区法所、市区民所。→国政所、国法所、国民所）
　全国で約120の市
- 市区政長1名。市区政員は市区民1万人に1名（計約100名）
- 国政員は市区民17万人に1名（計約6名）→全国約738名から国政長1名（国家元首）
- 市区法長1名。国法員1名→全国約120名から国法長1名（国の新司法府のトップ）
- 市区民長1名。国民員1名→全国約120名から国民長1名（国の国民府のトップ）

県（県政所、県法所、県民所）
　全国で8の地域
　（札幌2区、東京9区、横浜4区、名古屋2区、京都2区、大阪3区、神戸2区、福岡2区）
- 県政長1名、県政員は県民10万人に1名
（旧東京23区だと97名）
- 県法長1名
- 県民長1名

(3) 新三権分立の組織

　今の三権分立は、立法と行政府が形式的にも実質的にも分離されていることによる非効率、弱い司法府、政治の国民からの乖離など、課題が多く、今の時代にはフィットしていない部分がある。これらの改善案を提示してきた。ここでは各府の組織について述べる。

①立法行政府の組織

　立法行政府の仕事は、基本的に次の3つのことに関してとなる。

　つまり、国内に関しては、生活（教育、社会保障、環境など）、産業（国土、工農林漁業、サービス業、科学など）、国外については、外交（外交、国防、インテリジェンスなど）である。

　これら3つについて合理的かつ効率的な方策を立て、実行することが政府の仕事となる。

　ほかに、組織間や、国と地方や地方間の調整をする部署が必要になる。

　よって、組織は以下のようになる。責任と権限を明快にし、なるべくシンプルな組織とする。

国政所（企画）
　教育、外交、国防、災害対策、県間のインフラ、検察警察・消防、年金、医療介護福祉政策（これらを統合するベーシックインカム）、通貨・金融
○組織
　〈総務省〉

　財務、法務、省間調整
〈生活省〉
　教育（オンライン授業も）、社会保障（ベーシックインカム、テレワークも）、環境（リサイクルも）、シェアリングエコノミー（ライドシェアリング、民泊等）、消費者保護、災害対策
〈産業省〉
　国土、農林漁業、工業、サービス産業、科学・研究、SNS技術
〈外交省〉
　外交、国防、インテリジェンス
〈地方省〉
　国・県・市間調整

県政所（区間の調整、区の予算配分）
○組織
　　総務部
　　生活部
　　産業部

市区政所（実施）
　学校運営
　道路、河川、上下水道、産業一般廃棄物
　病院、薬局、介護保険
　中小企業対策、商店街振興、農家経営支援、農地転用、農業委員会、林業、治山事業
　住民登録、戸籍、職業紹介
　災害対策

○組織
　　　総務部
　　　生活部
　　　産業部

②新司法府の組織

　裁判所は市区法所、州法所、国法所の3段階。州法所と国法所は国の機関。

　県法所は区法所間の予算配分と調整実務のみを行う。

国の新司法府

　国法所（正光都）

　　　国民府の職員採用試験、国民府の選挙管理、リコール受付、行政立法府、国民府の選挙区、定数の決定。ただし、選挙区は、国民府が定める選挙区と協議の上決定とし、異なる場合は、立法行政府が司法府案と国民府案のどちらかを修正することなく選択し、決定する。

　州法所（敷香、旭川、盛岡、宇都宮、甲府、岐阜、奈良、岡山、熊本）

県法所（札幌、東京、横浜、名古屋、京都、大阪、神戸、福岡）

市区法所

③国民府の組織

国民所

　〈総務省〉

　財務、法務、省間調整

〈世論省〉

　マスコミの報道の自由の守護

　報道の在り方

- NHKの運営（税金で運営）
- 民間放送の完全自由の保障

　国民の情報管理

- マイナンバー管理
- ベーシックインカムの管理
- 監視カメラの管理

　国民の意見の集約

- 世論調査
- 電子請願制度
- 叙勲対象者の選定

　政府と国民の双方向の情報交換

- 行政立法府、司法府の選挙で選ばれた人へのリコール受付など

〈管理省〉

　選挙管理

- 立法行政府、司法府の、選挙区および定員数の設定（ただし、選挙区は司法府の選挙区案と異なる場合は、立法行政府がどちらかの案を修正することなく選択）
- インターネットでの自宅での投票

　試験管理

- 司法試験、立法行政府と司法府の職員採用試験、大学入学試験

　教育機関の管理（建物などのハードは立法行政府、ソフトは国民府）

日本銀行（建物などのハードは立法行政府、ソフトは国民府）

- 政府通貨発行額（今までなら国債発行額、つまり債務）の上限値の設定を債務対名目GDP比等で決める

〈治安省〉

(建物などのハードは立法行政府、ソフトは国民府)

検察、警察、消防

県民所

区民所間の調整、予算配分

市区民所

総務部

世論部

管理部

治安部

4.　合理的な選挙制度

　今の選挙は合理的ではなく、投票において国民を覚醒させず、波乱が起きないようになっていて、その結果として現職が選ばれやすい仕組みになっている。

　制限の多い選挙、政党の優遇、年齢・納税額・過去の投票実績を考慮せず、すべての人が同じ1票など、合理的ではない点が多い。

　これらの改善案を示す。

（1）日本の選挙の問題点

　民主主義の根幹である選挙制度は、今のままでいいのだろうか。これらは改善の余地があるのではないか。

　ここでは選挙制度について、より合理的で、効率的な仕組みを考えていきたい。

　選挙制度は難しい。どう決めても不公平感があり、結局、1人1票の現在の選挙制度となっている。

　しかし、地域間で1票の格差が出て、実質投票価値が2票以上の差が出ると違憲との判決もある。

　日本の、というよりどこの国も大差ないのかもかもしれないが、選挙はとにかく名前を連呼して握手して「よろしくお願いします」と言いまくる。選挙期間中以外は戸別訪問をして、とにかく挨拶しまくる。

　戸別訪問をして握手をした数に比例して票が増えていくとも言われている。

しかしこれが本当に、有能な政治家を選べる選挙なのだろうか。

新聞やチラシに載せる政策というと、「みんなが笑顔になれる街を」、「お年寄りが安心して暮らせるように」、「子供が生き生きする街に」、「明るい街づくりを」、「みんなが集まる街に」など、抽象的で当たり前で具体的なことがさっぱりわからない耳触りの良いことばかりになりがちだ。

有権者には判断根拠が十分に知らされないことがない。よって、親族が有力者の2世議員、元役人、元議員など主に現在の行政の継承者に日和見的に投票することになる。

加えて、現代の民主主義の投票では、顔がいいということも重要かもしれない。

今まで政治に携わってきた人は、次の選挙に向けて、任期内の目に見える成果が必要なため、長期的で抜本的なことよりも短期的な政策設定が多くなる。

この本で書いているような改革的で画期的な施策を行おうとすると成果が遠く、また、サイレントマジョリティーは意見を言わず、一部の政治に関与している利益に敏感な人の反対の声に引っ張られ、次の選挙で落ちるかもしれない。

今の自民党の政治家などを応援している支援者は、現状で利益を得て満足している人が多いと思う。

人間は、合理性よりも利己を追求する傾向があり、既得権益がある人は現状に満足で、世の中の仕組みを合理的に変えることに、自分に利益がない場合は賛成しないかもしれない。

政治家は支持を得なくては当選せず、声の大きな既得権益の人々に合わせるのは今の制度ではやむを得ず、改革的なことは断行しづらいということになる。

　非難覚悟でざっくりと言うと、多くの世の中の人は、政治は権力がからみ、ものを言うと非難や圧力を受けることもあり、面倒臭いものだと思っている。

　政治について考えることにあまり時間を割きたくない。

　よくわからないことも多いので、保守的な選択に流れがちで、今までやってきた安定的な政治路線を選びやすい。

　急激に物事が変わることを恐れて、現状維持を選択してきた結果が、今の硬直した日本を形成している。

　現在政治に携わっていて今後も続けたい人にとっては、国民があまり考えずに現状を選択してくれる方がいいかもしれない。

　選挙もなるべく自分の意見を明確にせず、肩書や印象のみで投票してくれた方が、新人が当選せず、現職や現在政治に携わっている人たちには望ましい。

　そのためには、投票率は不確定な浮動票が増えないように、実はできるだけ低い方がいい。

　選挙が近い時期は、個別訪問や政策を知らしめる演説の機会などの変動要素をなるべく減らしたい。

　政党に所属している人に有利になるルールがある選挙の方が、社会の現状維持には望ましい。

　以上のように考えているかもしれない。

　現職の人々、つまり選挙制度も決めている人々は、なるべく有権者が考えずに、荒れない、結果として自分たちが選ばれる現状維持の選挙を望んでいるのではないか。

　仮にそれで今の選挙制度ができているとしたら、世の中を改善しようとする改革マインドのある候補者は選挙で選ばれない。

　そのような選挙制度を変えなくてはならない。

　政治に関しては、一部の声の大きい利益関与者と、多くの声を出さない傍観者の投票により決まる。

　より多くの国民が合理的で公平と考える政治をするには、このサイレントマジョリティーの中で、利害よりも合理性に思いを寄せる人々の心に火をつけなくてはならない。

　候補者の考え、熱意がわかるような選挙制度にしなくては、国民が納得する方向に世の中を変えられない。

　上記のような非合理的な選挙のもとで、日本の国政選挙の投票率は、世界196か国中158位と低い。

　政治家を目指し、よっぽど関与している人以外では、今のシステムでは、選挙は、唯一直接政治に関与して自分の意思を示せる機会だ。

　その投票率が低いということは、政治に対する関心が低く政治をあきらめているということではないか。

　それとも、私個人は日本の政治にたくさん不満があるが、世の中の多くの人は現状のままで満足しているのだろうか。

　多くの国では選挙権を行使したい人は登録制度があり、日本のように成人に自動的には付与されない。

　日本は18歳になると自動的に選挙権が付与されるため、有難さをあまり感じず、真剣に考え投票するという姿勢が足りず、ムードやお願いなどで決める無責任な投票行動になる傾向があるのかもしれない。

　日本は候補者の名前を書く記名式だが、先進国では日本だけだ。

　政治家にはその地域のいわゆる名士と言われている一族の世襲も多い。

　何代か続く聞きなれた苗字を書かせる方が有利と考える現職

の人たちがいるため、記名式が残っているとも言われている。

ここでも少なからず現職有利という仕組みが残っている。

記名式だと無効票が多くなる上に、開票に時間と費用がかかるというデメリットもある。

総選挙でかかる費用の600億円のうち半分は人件費だ。

選挙期間中の選挙活動では、戸別訪問、署名運動、人気投票の公表、選挙カーでの政策演説は禁止されている。

一方、名前が売れている人にとっては有利な名前の連呼は認められている。

配れるマニュフェストは1種類のみという制限もある。こんな国は日本だけだ。

ほかにいろいろな制約がある。

選挙管理委員会が交付する、表示を付けた自動車や拡声器のみしか使えない。

自動車に乗れるのは候補者、運転手以外の4人以内で腕章着用義務がある。

ビラは、町村議会議員選挙以外は配れるが、枚数が決まっている。

ポスターや提灯も枚数や個数、場所が決まっている。

運動員は車の4人を含めて、15人以内である。

新聞広告は、知事や国政は4～5回で、それ以外は2回などの決まりもある。

これらは資金力で差がつかないようにとの配慮で、まあ理解できる。

しかし、政党の運動費には制限がないのは、政党に属していない候補者にとっては不公平だろう。

今の制度では、政党の力を借りない個人が行う選挙期間中の

費用に対してのみ制限がある。以上をまとめると、日本の選挙は投票率を上げる努力が足りず、選挙に近い期間は制限があり、十分な政策発表ができず、政党所属の候補者には有利、ということだ。

これでは選挙で候補者の考えをしっかりと伝えることができず、選挙の変動要素が少なくなる。

サイレントマジョリティーが関心を持たず、覚醒せず、よく考えた投票をしない、選挙が荒れないシステムになっている。

結果として、もともと名が売れている現職やすでに政治に参加している候補者が有利となる。

このような、現状の問題点を解決する改革的な政治が行われづらくなる選挙制度は変えなくてはならない。

ここが変わらないと日本は本当に変わらない。

(2) 新選挙制度（討論が主の選挙活動、政党の廃止、加重投票数制度）

ではどう変えるか。

選挙制度を考える時に、政治家が本来どのような資質を持つべきかを考えることが重要だ。

資質を持った人が選ばれる選挙制度を設計するべきだ。

日常が忙しいサイレントマジョリティーが、優秀と思う政治家を、それほどエネルギーを注がなくても選べる選挙システムにしなくてはならない。

今は、人付き合いが上手で仲間を増やせる人や、今まで行政に携わってきて既にある権力基盤の支持があり、それにうまく乗れる人が選ばれる仕組みとなっている。

国民は、短い制約された議論の少ない選挙活動で、候補者の

考えなどを十分に知る機会がない。

　結局よくわからないので、「まあ自民党ならいいだろう」とか「役所出身の人ならまあ安心か」などで投票することになる。

　安保はアメリカに任せ、高度経済成長中で経済に集中していればみんな豊かになり、ある程度満ち足りていた時代はそれでよかったかもしれない。

　根本的な改革を行わなくても、経済的な成功が多くの欠点を覆い隠していた。

　しかし、今世界はアメリカ一強ではなくなってきた。

　日本の外交はアメリカの子分として、親分についていけばいいという状況ではなくなってきている。

　経済的にも日本の地位は下がってきていて、昔のように日本は豊かだからほかの不満はまあいいかという感じでもない。

　日本は、経済以外でも自分たちで考え、今の時代と環境でどう選択していけば日本国民が幸せになるのかということを考えなくてはならない。

　そのためには、合理的で効率的な日本の仕組みを整えなくてはならない。

　今までの体制やシステムを、思考停止で維持するという選択はやめなくてはならない。

　より世界と時代に即応しうる仕組み、政治体制を構築し、国として対応することが必要だ。

　そのためには、どのような改善を行うべきなのかというビジョンを持った候補者を選択しなければならない。

　つまり、その候補者の信念と考え方が、投票する多くの国民によくわかるような選挙制度にしなくてはならない。

　そこで、今のような硬直した非合理的な選挙制度ではなく、次の3つを骨子とした選挙制度を提案したい。

- 名前の連呼などではなく、選挙活動はテレビ討論と新聞への政策掲載のみで行う
- 党議拘束や数人の幹部により候補者が選ばれて政治が動くような政党制を廃止する
- 現状の1人1票ではなく、各人が持つ投票数に差をつける（加重投票数制度）

　以下にこれらについて述べていく。

　選挙はテレビ討論と新聞への政策掲載のみで行う。

　例えば、NHKや民放を選挙前に借り切る。

　外交、国防、教育、金融財政、地方問題、社会保障、各産業などのテーマごとに自分の意見を述べ、討論を行う。

　これは、当事者である立法行政府ではなく、前述の国民府及び司法府が主導して行う（司法府の選挙も国民府が行うが、国民府の選挙は司法府が行う）。

　この討論と新聞などへの自分の政策発表以外は選挙活動を禁止する。

　物事を企画し説得し実行するためには、考えを述べ相手に納得してもらうことが非常に重要な能力である。

　国内問題を解決する時には、仲間が多いとか役人出身であるとか顔がいいとかもある程度役に立つかもしれないが、それ以上に問題点を把握し最適解を見つけ、相手を説得する能力が必要となる。

　物事を論理的に考え、合理的な解決案を考えられる能力が政治家には最も大事である。

　外交では、アメリカ大統領、ロシア大統領、中国の主席と交渉するには相手の弱点と相手の望んでいることを知り、自分たちが重要と思うこと、弱み、強みを理解し、その上で論理的に考え、妥協解を見出す能力が必要だ。

　そのためには合理的思考と、議論をして相手を説得する力が必要だ。

　今のように、有力者の神輿に乗る能力というのも必要かもしれないが、それ以上に論理性、説得力を持つことが重要だと考える。

　この考えは、地域のボス的な人が多く選ばれている今の国会では、機能しないかもしれないが、全ての議員がこのように選ばれれば、あうんの呼吸やしがらみよりも論理性が優先される国会になっていくと信じる。

　よって政治家は、討論を行い最適と思われる解を得る能力が試され、優れた人が、選挙で選ばれるべきだ。

　例えばアメリカ大統領選挙などは、日本に比べたらこのような本質的な能力を見極める選挙に近いのではないか。

　これにより、利益団体によるお願い選挙から、サイレントマジョリティーが自らいいと思う候補者を選択する本来の民主主義選挙に近づく。

　次に政党は廃止する。

　政党は民意の集約や政治家の育成の目的を持つ。

　そのために今まで必要とされ、存在してきた。

　今のようにSNSがなく、民意を得づらく、情報を得るためには政治家の秘書になったりする徒弟制度を経て政治を学んできた時代には、確かに政党は必要だったのだろう。

　しかし今は、このような政党の存在意義は少なくなった。

むしろ政党の弊害の方が大きくなっている。

一部の人事と金を握ったボスが決めたことを、派閥、党員が追認するということが多くないだろうか。

国民多くの英知よりも、ボス及びその周辺の少数の人たちの意見で国政が動いていないだろうか。

様々な意見を集約し、より練られた合理的な判断が行われているだろうか。

さらに今の日本の国会は、与党と野党に分かれ、野党は与党を打倒して政権を取ろうとする。

国民へのアピールやパフォーマンスとして、本筋ではない与党や政府の落ち度やスキャンダルを、国会という貴重な議論の場で時間をかけて追及することが多くないだろうか。

本来行うべき教育、税金、社会保障制度、外交、国防などの大事な議論に時間が十分に割かれていないように思う。

本当に政治の要諦を行っているのは、官僚と一部の政治家ということになっていないだろうか。

選挙で選ばれた人が官僚と共に、党議拘束などなく自ら考え、判断し、国会で意味のある議論をし、最後に多数決で決めるべきだ。

不毛な与野党のやり取りをなくし、政党幹部独裁の決定の仕組みもなくし、民意を反映し、より合理的な判断がなされるようにする。

情報が漏れると国益を害するような案件の場合は、例えば司法府（国法所）の許可を得た上で、非公開の国会議論とすればよい。

立法行政府の項で述べたように、政治家が役所に入り、日々官僚と共に仕事をする。

マスコミや発達したSNSを利用して、候補者や政治家個人

が政策を発信すればよい。

　現在の政党は、本来の存在意義が失われているにもかかわらず、選挙、人事、資金などの既得権のために存在しているように感じる。

　一部のボスが支配する政党ではなく、合理的な選挙で選ばれた、論理性と説得力を持った政治家が、各々でボスや利益団体への忖度なく独立して判断し、議論と多数決で物事を決する。党、利益団体優先から、より多くの国民が公平に利益を受ける国益優先の政治としたい。

　各人の投票数に差をつける選挙も提案する。

　独裁よりも、今の民主主義の方がましなのは言うまでもない。

　しかし、すべての人が同じ価値の投票権、つまり1人1票を持っているというのは悪平等なのではないか。

　人により投票数に差をつけるという"加重投票数制度"的な民主主義を提案したい。

　例えば、年齢、納税額、過去の投票実績の3点で各人の投票数に差をつけることを提案したい。

　次のように、各人の投票数に重みをもたせることを考える。

　若い人ほど、これから生きる時間が長いので票数を増す、つまり加重する。

　納税額が多い人ほど加重する。

　過去に投票実績がある人ほど加重する。

　例えば、

[(平均年齢／年齢)＋(払っている税金／平均税金)＋
{(投票の有無(1 or 0)／平均投票率)の総和／投票機回数}]÷3

とする。

（例）25歳男性、収入400万円（納税80万円）、過去２回投票
　　　機会があり両方投票した人。日本の平均年齢47歳、平均
　　　納税87万円、２回の選挙の投票率62%、58%だとする
　　　と、この人の投票権は、
　　　［(47歳／25歳)＋(80万円／87万円)＋｛(1／0.62＋1／
　　　0.58)／2｝]÷3＝1.77票
　　　となる。

　この投票制度だと、若く、金を稼いでいて、過去に選挙に参
加している人ほど持っている投票数が多い、つまり加重される
ことになる。
　18歳で１億稼いでいて（納税額4000万円）、１回の選挙（投
票率50%）に参加した人は16票。
　また90歳で納税しておらず、過去に選挙で１回も投票してい
ない人は0.17票となる。
　極端な例の対比でかなり差がつくように思うが、18歳で１
億稼ぐ人や、90歳で１回も投票していない人はそういないだ
ろう。
　実際はほとんどが2〜3倍の差位になるのではないかと思う。
　いずれにせよ、同じ１票とはしない。
　上記では税金を年単位で計算したが、本来、前回選挙からの
総計で考える方がより公平だ。
　これからより長くこの国に暮らし、よりたくさん税金を払っ
て貢献しており、政治的意識をもって投票を行ってきた人の意
見をより取り入れる。

　立候補者も、今のように投票率の高い高齢者よりも、若くてよく働いていて政治的な問題意識の高い層をターゲットにした政策を打ち出していくことになるだろう。

　この方が、すべての人に無条件に1票与えられるよりも、実質的でより合理的な政治になるのではないかと思う。

　いってみれば"形式的民主"選挙から"実質的民主"選挙になるのではないか。

　選挙権、被選挙権の資格について再度述べる。

　年齢については現在、選挙権は18歳以上、被選挙権が参議院議員と都道府県知事が30歳以上、それ以外が25歳以上となっている。

　これらは現状でも妥当と考える。

　選挙権は、選挙時に日本国籍のみを持っていて多重国籍は不可とし、18歳以上であることとする。

　市区県の政員、法員、民員の被選挙権は、選挙時に日本国籍のみを持っていて、多重国籍は不可とし、25歳以上とする。

　それ以外の各自治体の首長や、国の新三府に携わる職位である市区県政長、市区県法長、市区県民長、国政員、国法員、国民員は生まれた時からずっと日本国籍のみで、多重国籍は不可とし、30歳以上の者とする。

　一部で在日永住外国人に地方参政権を与えるべきだという議論もあるが、私は反対だ。

　日本国は日本人が進路を決定していくべきだ。

　ちなみにここでいう日本人とは、日本国籍を有する者を指す。

（3）公正な政治活動（宗教などの干渉排除、政治献金完全廃止）

　政治的判断は、様々なしがらみではなく、何が合理的で適切かで判断されるべきだ。

　民主主義は自由な判断環境で、当事者が真に合理的で適切だと判断した上で実行されるべきものだ。

　例えば、金、信仰心、個人的な感情、弱みを握られた状態で判断されるべきではない。

　金のやり取りで政治的判断が左右されるのは贈収賄罪で、よくないことだとみんな理解している。

　これと同じように、信仰心に訴えたり、弱みを握って脅したり、個人的な情に訴えて判断が影響されることは、公正な判断を行う上で適切ではない。

　宗教活動は全く自由であるし、宗教団体が、ある為政者を支援することは、例えばほかの経済団体などが支援するのと同様に問題はない。

　政教分離は、為政者が宗教に肩入れすることを禁止しているが、宗教団体がある政治団体を応援することは禁止していない。

　しかし宗教団体が信仰心を利用し、破門のような宗教的脅迫で、例えば宗教法人への課税を阻止するなどの行動をさせて、為政者の判断を変えることは許されない。

　このようなことは法治国家として司法府で厳しくチェックする必要がある。

　金による収賄や脅しによる脅迫が禁止されているように、宗教的な強要や洗脳あるいはそれに準ずる行為は法律的に厳密に禁止されるべきだ。

　次に、金のやり取りで判断が左右されないことを徹底する。

　現在は、これが曖昧で抜け道がある。

　政治家が指定する1つの資金管理団体を通じて、日本国籍を持つ個人が年間150万円まで献金することが可能となっている。

　企業、業界団体は、個人へは禁止されているが、政党、政治資金団体への献金が1億円まで可能だ。

　ここから個人に迂回献金されることがあり、違法性が指摘されているが、現行法では禁止規定がない。

　完全な抜け道となっており、金で政策が決定され、合理的な政策決定が行われない可能性がある。

　この点でもすでに述べたように、政党は、現在の政治活動で不公平に優遇されていて、既得権益があり、公平な政治を行う上で弊害があるため、ここでも政党を廃止する理由がある。

　このような曖昧な部分を残して、非公正な判断の余地を残すのは適切ではない。

　政治家は全く独立した立場で判断できるように、政治献金は個人献金も含めてすべて禁止し、給料のみで活動するべきだ。

　日本は、選挙制度、政治献金などで、既存の政治家や政党が有利になるような制度が残っている。

　立法府、行政府が、政党から選出された議員たちで構成され、現職の議員が自分たちでルールを決めているからこうなる。

　これらを国民府で決め、司法府のチェックが入ることにすれば、今までのような手前味噌的なルール作りはなくなる。

第3章
国策で進めるべき産業

　日本の産業は、工業一流、その他三流、民間一流、国家プロジェクト三流、となっているように思う。

　敗戦の影響をいまだに引きずっており、それに対する国としての戦略、外交的努力が十分ではなく、覚悟と実行力に欠ける。

　日本が国として国益を守るために力を入れるべき産業について述べる。

1. 大規模な農業（大企業による農業経営）自給率100%の実現

　食料は国家安全保障上、国防、エネルギーなどと並び最重要事項だ。

　にもかかわらず、日本は農業に対して、効率化や、自給率を100%にするための戦略が十分とは言えない。

　何とか農業でも大規模経営を促し、工業と同じく強い産業としたい。

（1）日本の農業の現状

　日本の農業について見てみる。

　まず、農家戸数と人数について。

　1990年は288万戸、2010年は159万戸と減少している。

　農業従事者も2000年に389万人、2018年に175万人と急激に減ってきている。

　次に、耕地面積について。

　2010年で15ha以下の農家で専業農家が35.8%、農業所得の方が多い第1種兼業農家が42.8%、兼業所得の方が多い第2種兼業農家が21.4%である。

　15ha以上では、それぞれ45.9%、44.3%、9.8%だ。

　専業農家は半分以下となっている。

　耕地面積は1ha以下が56%、1〜2haが26%で、2ha以下が8割だ。

　全耕作地440万ha（稲作59%、稲作以外37%、不作付

4％）に対し、荒廃農地が70万haで16％もある。

さらに、農産物生産額について。

世界10位で、2012年の農産物輸出は、33億ドルで世界57位である（1位のアメリカは1449億ドル）。

1戸当たりの販売金額は2010年で、300万円以下が81％だ。

また、食料自給率は、カロリーベースで37％、生産額ベースで66％である。

以上をまとめると、日本の農業は、農業人口が急激に減っている。

兼業農家が60％くらいを占める。

耕地面積が1ha（100m四方くらい）と狭い農家が6割近くと多く、零細な農家に支えられている。

荒廃農地が16％もある。

販売金額も300万円以下が81％を占めている。

自給率はカロリーベースで37％と食糧安全保障上、外国まかせの危機的な数字だ。

農業、つまり食糧は生きていく上で一番欠かせない物だ。

それを作り出す日本の農業は、産業構造、自給率、国際競争力のどれをとっても貧弱で心もとない現状である。

軍事力、エネルギーと並んで、食糧は国家存立の要諦だ。

経済に集中し、このような国の基本が疎かになっている日本は、国としての戦略に乏しく、危機意識が希薄すぎる。

（2）大規模農業の実現

1戸当たりの販売金額は2010年で、300万円以下が80％以

上である。

　日本は、大体1haあたり100万円の販売金額だが、15haを超えると1haあたり120万円と増えていく。

　当たり前だが、大規模になると効率が上がっていく。

　100ha（1km四方）で1億円以上の売り上げとなる。

　トップクラスの農業法人（農業組合）で売り上げ50億円くらいだ。

　10億円以上の農業法人は、日本では100団体以下しかない。

　日本の東証1部上場で年間100億円以上の売り上げがある法人が、2100社ある。

　100億円の売り上げのためには、最低でも1万haつまり10km四方の耕作地が必要ということだ。

　日本では難しい広さで実際このような団体はないため、2、3次産業に比べて著しく小規模だ。

　機械や器具、人的パワーの分割損をなくし、効率的な経営とするには、今の農家、農協による零細生産体制から、会社組織により大規模な農業経営とすることが必要だ。

　2010年の1戸当たりの平均作付面積は、日本2.27ha（150m四方）、アメリカ169.6ha（1.3km四方）、オーストラリア2970.4ha（5.4km四方）である。

　アメリカに比べ70分の1以下、オーストラリアに比べると1300分の1以下と、勝負にならないほどの小規模経営だ。

　日本の平均2.27haというのは、日本にしては大規模な2〜3haの農家が8.5％、7〜10haが11％を占め、この層が平均値を引き上げている。

　前述のように2ha以下が8割以上を占め、家族のみによる小規模農家がほとんどだ。

　よって、この家族経営の農家から2次産業、3次産業と同じ

ような会社経営となり、少なくとも1経営集団当たり100ha（1㎞四方）以上の作付面積とならなくてはならない。

　大規模になると機械や人員の分割損がなくなる。

　作業の規模拡大による同一作業の継続集中が可能となり、面積当たりの作業時間が減少する。

　同じ生産量に対するコスト削減が可能となる。

　より効率的な経営形態に誘導しなくてはならない。

　食糧安全保障上、日本の産業の成長戦略の観点からも、食料自給率100％を達成するべきだ。

　最終的には、東証1部上場の条件である売上100億円の企業体を目指すべきだ。

　そのためには述べたように1万ha（10㎞四方）の企業体となる必要がある。

　全国で全耕地面積が440万haなので、440企業体くらいの数になることになる。

　これは、全国で120の市区になるとすると、1市区あたり4つくらいずつの企業体ということになる。

　世界レベルでいうと、日本は工業的には世界的な競争力があっても、その他の分野ではないものも多い。

　製造業は強くても農業は必ずしもそうではない。

　これは農家が努力不足というよりは、日本の農業政策が、食糧自給率が十分ではないにもかかわらず、米価維持、農家保護のために、2018年に廃止になったが減反政策などを行っていたことにもよる。しかもいまだに農家の自主的取り組みということで、転作や、主食米から飼料用米への転換に対して補助金を出し、実質的な減反政策は続いている。

　米を作らない人にお金をあげるなど、どんな理由にせよ、自

由競争、資本主義の原則から外れた、長期的にみると農業を弱くする政策だ。政治家は目先の票のために農家に媚びて国益を害するべきではない。

　日本人は米をもっと消費する工夫をして食糧自給率を上げるべきだ。

　戦後のアメリカの占領政策によるパン食が小麦消費を増加させ、米食が減ったこともあり、ここでもアメリカの小麦政策に日本の農家が犠牲になった部分もあるのではないか。

　日本は農業政策に限らず、アメリカの言いなりで、政策が戦略に欠けている。

　ものを言うアメリカが悪いのではなく、戦略的に国益を追求しない日本が悪い。

　減反政策のように農家のご機嫌を取り、政治、選挙の票集めのために目先の施策が行われ、国益に合った合理的な判断をしてこなかったことが現在の農業の衰退を招いている。

　このように日本は様々な分野で偏りがあり、国家として全体的にバランスのある発展をしていない。

　実際の為政者の仕事はやってみると本当に難しいことなのだろうと重々承知しているが、具体的な事象にその場しのぎに対応するのが主で、あまりにも国家戦略に乏しい。

　農業や後述のエネルギーなどの産業、政治、軍事、その他様々な分野で戦略的に国家の全体像をバランスよく構築するということをしてこなかったため、国としての総合力がない。

　例えばテストで数学だけできるが、ほかの科目で落第点なので、総合点で低いという感じだ。

　これは世界に向かって日本の主張を堂々としてこなかったためと、声の大きい一部の受益者団体の反対があっても、サイレ

ントマジョリティーを含めた国民全体の国益を考えた厳しい選
択をしてこなかったためではないか。

　政治家は選挙に受からなくては仕事ができず、やむを得ない
部分はある。

　しかし、ここで書いたような合理的な選挙制度に変えて、そ
の制度の下で、一人でも多くの、国益を真剣に考える国士が出
現することを望む。そして国民はそういう人を選ぶ賢明な選択
をしなくてはならない。

　農地の大規模化のために何をしたらいいのか。

　現在も以下のような取り組みはある。

　一般企業を含めた団体の農業への参入をもっと容易にするべ
きなのだろう。

● 農地中間管理機構（農地バンク）
　　耕作を行わなくなった農家から借り受け企業組織に貸し付
ける公的機関。
　　2018年22万ヘクタール（47km四方）の実績だが、まだま
だ少ない。
● 農業法人の参入
　　2009年の農地法改正により一定要件を満たせば農業生産
法人以外の一般法人も農地保有が可能となった。
● 生産効率の上昇（利益の拡大）
　　スマートアグリ…情報通信技術（ICT）、環境制御技術、
ロボットを駆使し脱属人的な農業を実現。
　　農作業の自動化、ノウハウのデータ化、データ分析による
精密農業など。

　それでもなかなか進まないのは、日本は山間地が多く農地が大規模になりづらいという点もあるのだろう。

　政治主導で、大規模な国土開発計画を行う必要がある。

　日本全土で平地を大胆に区画整理し、農地転用にするなどの土地利用改革が必要だ。

　そうでなければ1〜10km四方の農地など確保できない。

　新しい"市区"単位で、農業地域、住居地域、産業地域などと計画的に区画整理し、1つの市区で4つくらいの農業企業体に統合していくべきだ。防災上も、住宅は高台、農地は平地に、長期スパンで集約していくことは意味があると考える。

　その上で農業を第2次、第3次産業と同じように、大企業が大規模な経営形態で運営していく。

　最新技術を駆使し、生産効率を上げ、収入を増やし、若い人たちが参加したいと思わせる産業にしなくてはならない。

　製造業やサービス業と同じレベルに、世界的に日本の農業の競争力を高めなくてはならない。

　そうすれば自ずと農業の生産規模、生産性、自給率は上がっていく。

2.　エネルギー自給率100％の実現

　2018年、日本のエネルギー自給率は12％しかない。

　エネルギー全体の割合では、再生エネルギーが11.8％（うち、水力が3.5％）、原子力が2.8％で、残りは石油、石炭、天然ガスなどの化石燃料が85.5％である。

　化石燃料の輸入率は、サウジアラビアやUAEなどから石油99.7％、オーストラリアやマレーシアなどからLNG97.5％、オーストラリアなどから石炭99.3％と、ほとんど外国頼りだ。

　自給率100％を目指すには、化石燃料に頼れない。

　再生エネルギーと原子力発電の総和が14.6％なので、これらを今の7倍の発電量に引き上げなくてはならない。

　再生エネルギーには、太陽光、波力、潮力、風力、水力、地熱、バイオマスなどがある。

　生み出した電気を電力会社が一定の値段で購入するという固定価格買取り制度により、生産向上を目指しているが、発電コストが高いという欠点がある。

　電力が必要な都会と、再生エネルギー発電のポテンシャルのあるいわゆる自然が豊かな地域とが離れているケースが多い。

　送電ケーブルが既存の系統につながらず、つなぐのに費用と時間がかかるという問題がある。

　既存の系統を最大限に活用するルールと、不足系統の建設が必要になる。

　電力システムの送電系統全体の広域的な見直しを図らなくてはならない。

　さらに大規模な利用には、効率的で大量に発電が行え、安定的に利用できるような技術革新が必要となる。

　例えば太陽光や風力といった一部の再生可能エネルギーは、発電量が季節や天候で左右される。

　需要と供給のバランスが崩れやすく、大規模な停電などが発生する恐れがある。

　よって、大型バッテリーの開発が必要になる。

　例えば発電した電力で水素を製造し、酸素と反応して水を排出する燃料電池に活用するなどの技術革新が必要となる。

　一番進んでいるドイツでは、全エネルギー発電量のうち再生エネルギーが風力24.6％、太陽光9％、バイオマス8.6％、水力3.8％で、計46％を占める。

　ちなみに原子力は14.4％である。日本に比べ、風力発電の割合が高い。

　しかし、北海沿いの強風の地域で発電し、これを中南部のケルン、フランクフルト、ミュンヘンなどの都市に送るには南北の系統連携が不十分で、コストがかかるようだ。

　また、100％稼働した場合の発電量に対する実際の生産発電量である設備利用率については、風力発電所は20〜30％と非効率的だ。

　太陽光の約10％などに比べたら、比較的高利用率の風力発電でさえ、発電の不安定性がある。原子力は70〜90％、バイオは60％ある。

　ドイツはヨーロッパで周りの国と陸続きのため、ロシアからノルド・ストリームというパイプラインによる天然ガスの供給や、隣国との電力の授受が可能だ。

　再生可能エネルギー発電の不安定さをある程度補うことが可

能だが、島国の日本では難しい。

　ロシアからの天然ガス供給については樺太から北海道へのパイプラインは可能だが、アメリカの外交的圧力に対し日本は建設を進めるのが難しい状況だ。

　アメリカの圧力があっても、ドイツは国益のために建設している。

　ここでもアメリカの子分で属国的な日本の主体性のなさが出ている。

　以上より、再生可能エネルギーの発電量を上げるためには次の3点が必要となる。

- 送電網の充実
- 蓄電池や設備稼働率の向上（発電の効率性と低コスト化）
- 不安定な電力供給を補うロシアとの天然ガスパイプライン建設などの外交的努力

　エネルギー自給率を上げるために、次に原子力発電について述べる。

　原子力発電は、東日本大震災による福島原発の事故により、大きく後退した。

　廃棄物処理の問題もあり、日本の世論は廃止論に大きく傾いている。

　このようなリスクを極力減らして、原発により国家安全保障上エネルギー自給率を上げるのか、あるいは看過できないリスクとして原発をあきらめ、エネルギー供給を海外に委ねるのかという究極の選択となる。

　既述のように他国に自国の運命を握られない中立国を目指す

のなら、エネルギー自給率向上はどうしても譲れない重要事項
だ。

　他国にエネルギー供給の可否を握られたくない。

　さらに核保有を目指す上で、核分裂、将来的には核融合の技
術集積は必要だ。

　以上より意見が大きく分かれると思うが、原発推進を選択し
たい。

　原発推進のメリットは、次のようなことが考えられる。

- 核保有のための技術集積になる
- 少量の燃料で安定して大量の電力を供給できる
- 燃料資源（ウラン燃料）の調達が石油に比べて政情の安定し
  たオーストラリアやアメリカ等の国々で取れ、再利用できる
  ために安定している
- 設備利用率が高い
- 発電コストが低い（1kwあたり10.1円と安い。石油を使っ
  た火力発電30円以上、太陽光30円、天然ガスを使った火力
  発電13.7円、石炭を使った火力発電12.3円）
- 二酸化炭素を排出しない
- 地方の雇用に貢献する

　一方、原発を行う上でのデメリットは、次のような点であろ
う。特に事故による大惨事と、廃棄物処理のコストが大きな問
題点となる。

- 事故時に大惨事になりコストもかかる。
  　世界の地震の約15％が起きる地震の多い日本は不利。特
  に冷却水として大量の水を使うため、どうしても海沿いの立

地となり津波の影響を受けやすい。
● 廃棄物処理にコストがかかる。

　原子炉内で3年間使用した燃料（廃棄物）は3分の1〜4分の1程度取り換えられる。

　無害になるまでに数百年から数万年かかるため、処理にコストがかかる。酸素が極めて少なく化学反応を抑えられ、地下水の動きが極めて遅い地下深部に廃棄しなくてはならない。処分場の建設にはどの国も苦慮しており、選定済みなのは、スウェーデンとフィンランドのみで、日本、ドイツなどは決まっていない。
● 被爆のリスクがある。
● 運転しっぱなしになるので出力調節ができない。

　原子力発電については議論が分かれ、上記理由により廃棄を主張するのはよくわかる。この問題に100点はない。

　自主独立の中立国を目指すのなら、食糧自給と同じようにエネルギー供給のような重要事項を他国に握られたくない。

　エネルギー自給率を100％近くに上げなくてはならない。

　日本のようなエネルギー脆弱国には原発はどうしても必要な技術だ。

　さらに核保有を目指すのなら、核分裂、さらには核融合技術を維持、発展させるには原子力発電施設の建設は必要だ。

　日本の国家安全保障上、エネルギー自給率向上はどうしても避けては通れない重要事項だと考える。

3.　核兵器をはじめ国防設備の国産化

　日本は技術大国と思われている。

　車や電化製品などの民生品についてはそうかもしれない。

　しかし、国の安全保障に関する技術については技術大国とは言えないのではないか。

　本来、国家プロジェクトのような大規模な規模で行うべき技術開発、生産については十分とは言えない。

　飛行機のジェットエンジン、薬の製造、宇宙開発、防衛設備の開発などで欧米、中国、ロシアから遅れている。

　そもそもそれらの先進技術の研究開発を、自国の判断のもと、自由に行えていない。いまだに敗戦国ということで、有形無形の制約がある。

　例えば核兵器開発などは、核拡散防止条約やアメリカなど大国の制約があり、日本独自に開発製造できていない。

　ほかの先端技術でも、日本は独自の開発を行えずに、技術の蓄積がなされていない。

　例えば、高度な防衛装備などは、アメリカなど強国の圧力で高額で買うだけなのではないか。

　一生懸命働いた国民の税金を、有効に日本の技術の蓄積を含め将来のために使っているとは言えない。

　2019年の日本の防衛装備の海外調達額は9417億円で契約額の3割弱を占める。

　ちなみに購入予定だったイージス・アショアは2基で6000億円以上なので、購入していたら、海外調達割合が約5割まで上昇してしまうところだった。

　当時の河野太郎防衛大臣の購入拒否は、長期的な国益を考えると正しかった。

　同じ資金を使うのなら、国産化を目指し、日本の技術力向上や経済活性化に寄与すべきだ。

　戦闘機をはじめとする航空機などほかの先端技術についても同じことが言える。

　初期投資がかかるにしても、長期的国益を考え、なるべくこのような国の命運を握る物品は国産とするべきだ。

　例えば自動車の部品数は2〜3万個だが、航空機は3〜600万個であり、すそ野の関連会社の数と技術の項目の多さは比較にならないくらいに多い。

　自動車よりも、航空機産業を国産にした方が、技術の蓄積も、関連会社の収入や雇用も桁違いに多い。

　日本は敗戦で、特に防衛につながる技術、例えば戦後昭和32年まで、航空機の開発を禁じられていた。いまだに大型ジェットエンジンの開発を行えていない。

　武器に関しては、日本はいわゆる武器輸出三原則という、特に法律で規定されたものではないが、政府答弁などで明らかにされた運用面の原則があるが、時代とともに後退した時もある。

　1967年の佐藤栄作首相は、共産圏諸国、紛争当事国、国連決議による武器の輸出が禁止されている国への輸出禁止確認（武器輸出三原則）を国会で答弁した。

　一方、「武器輸出を目的には製造しないが、輸出貿易管理令（輸出の規制を定めた政令）の運用上、差し支えない範囲においては輸出することができる」と答弁している。

　つまり当時、武器輸出を禁止したものではなかった。

　しかし1976年の三木武夫首相は、憲法および外国為替及び外国貿易管理法の精神にのっとり、「武器輸出を慎む」と踏み込んで表現した。

　武器を、直接戦闘の用に供されるもの、火器などを搭載する護衛艦、戦闘機、戦車のようなものと定義した。

　佐藤栄作首相時代よりも武器輸出に関して消極的になり、武器開発も後退した。

　日本が武器開発を自由に行えないのは、敗戦の影響はあったと思うが、時代が経つにつれて後退するのでは、国家戦略上疑問がある。

　日本では、武器製造は自衛隊向け装備品の契約のみとなっており、日本の自衛隊装備の大半は国内開発、ライセンス生産で行っている。

　1983年の中曽根内閣の後藤田正治官房長官による「対米武器技術供与についての内閣官房長官談話」にて、アメリカへの武器技術供与と武器輸出は例外とした。

　アメリカが紛争当事国であっても例外的に適用された。

　2005年の小泉内閣では、アメリカとの弾道ミサイル防衛システムの共同開発・生産は、三原則の対象外と発表した。

　アメリカとの開発を除いて国際共同開発を行っていない。

　ここでも日本の国家としての原則がなく、アメリカを特別扱いとしている。

　私は賛成しないが、日本は厳格な武器輸出禁止国のはずだ。それがなし崩し的に国家戦略がないまま、2006年インドネシアに巡視艇、2013年南スーダンでの韓国軍への銃弾供与、そのほかにも小型武器をアメリカ以外のベルギー、フランスにも輸出している。このように原則がないまま、なし崩し的に行わ

れるのはダメだ。武器に関するルールを作って堂々と開発、生産、輸出を行うべきだ。

　日本は大国ではないので、原則や論理性を曲げると主張に説得力がなくなり、その他の問題でも国際的な発言力が低下し、国益を損なうことになる。

　三原則により日本の防衛産業は世界の兵器開発から切り離されており、国防上、及び生産基盤の喪失により、技術開発の点で国益を損なっている。

　政治、軍事分野で、日本は海外からの圧迫を受けて国家戦略と主体性にかけ、日和見的だ。

　日本政府が国際的に毅然とした姿勢を示していないため、アメリカなどの強国の言いなりとなっている。

　結果として、日本の防衛産業の利益を棄損している。

　これで喜ぶのは、近隣反日国を中心とした日本の強国化を望まない外国、特に武器輸出国だ。

　日本はいまだに自決で国益を追求する国となっていない。

　2012年の武器輸出ランキングでは、アメリカ、ロシア、中国の順であり、敗戦国のドイツは5位、イタリアは8位となっている。

　2011年民主党野田内閣で、第三国移転がないことが担保されるなどの厳格な管理を前提とした国際共同開発・共同生産への参加と人道目的での装備品供与を解禁した。

　この点では、日米のいびつな関係に配慮する歴代の自民党よりも、民主党の野田政権の方がよほど日本の国益を考えた判断をしていた。

　最近、アメリカ1国での武器開発が大きな負担となり、国際共同開発が世界の潮流となってきた。

　日本でもそれまでの武器輸出三原則に代わる防衛装備移転三原則が、2014年安倍内閣で閣議決定された。

　第三国移転などの審査を厳格にし、相手に義務づけることなどが追加された。

　これによりアメリカのみならず、イギリス、オーストラリア、フィリピン、フランス、インド、イタリア、マレーシアなどへの武器技術供与、輸出が行われてきた。

　日本の国益のためには、今よりももっと武器輸出の緩和を行い、欧米との共同開発に参加できるようにする必要がある。

　日本を守るためには国防は極めて重要である。

　他国が武器放棄のような理想的な選択をしない以上、核保有を含め、武器開発、所持はやむを得ない選択となる。

　すべての国が放棄しないのならば、少なくとも周囲国と同等位のことをすべきだ。

　国際社会は基本的には力関係で決まるため、日本も国益に沿った、自立した判断をする国でなくてはならない。

　残念ながら武器開発を行っている国が多く、現状では、日本も武器開発は国防、国の技術力向上に必要だ。

　武器の国際開発協力や技術授受を行わなくては、技術力の発展がなく、国防にも支障が出る。

　今後、日本は今よりも武器開発、装備の輸出入を行っていくべきだ。

　国産武器技術の進歩のために、民間主導にまかせていては予算、技術の結集の点で難しい。

　国民にきちんと説明し、賛意を得て国家プロジェクトとして行う必要がある。

　秘密保全をしっかりと行える体制を整えて、予算と人材を今

よりも集中投下する必要がある。

　武器開発に関しては、日本の大学の在り方にも問題がある。
　国産軍需産業の技術、知識の集積のために、大学の組織、設備、人材は必要だ。
　戦時中のトラウマか、日本の大学は軍事産業に非協力的だ。
　戦前の日本の非民主的な軍政と、今の日本は異なる。
　先に提唱したような、権力の在り方が明らかで、新司法府や国民府により国民のチェックがオープンに行われれば、政府が必要と判断した場合は、国民の税金が投入されている大学は協力すべきだ。
　さらに例えば、中国人留学生は中国の国防動員法に基づき、中国への軍事研究開発の寄与が義務づけられている。
　彼らの日本で得た知識技術は、中国へと還元され、日本の脅威となりうる。外国人には技術の秘密保持を今よりも厳格にする必要がある。
　日本の国産技術への寄与は拒否し、意図していないとはいえ、中国などの外国へのガードが甘いのでは、現状の日本の大学は国防に関しては、国益とはなっていない。

　既述したように、核開発にも必要な核分裂技術の維持のためにも、原子力発電産業は育成すべきだ。
　何度も言うが、核保有や武器製造は本来行わないに越したことはない。
　世界のすべての国がすべての兵器を放棄し、戦争の可能性をなくすのが理想だ。
　しかし、今の世界では、日本と関係が深いアメリカを含め、中国、ロシア、中近東、韓国、北朝鮮など、どこをみても武器

を放棄する国などない。

　日本のみ理想論を主張して、国を危機に陥れては、少なくとも国民の生命と安全を守るべき政府としては無責任だ。

　一部の理想論者や、外国に忖度したり脅されたりしている勢力の無責任な非難は、国益に則していない。

　日本の国益を考え、決断、実行していくのが、政府、政治家が行うべきことだ。

　繰り返すが、すべての国が武器開発も行わないことが理想だ。

　しかし現実の国際社会では、多くの国が自国の国防利益のために核保有をし、兵器開発をしている。

　国防は、国の存立に最も大事なことの1つだ。

　我が国がその競争に負け、国際社会で劣勢となり、外国の圧力に屈し、国益を損なうわけにはいかない。

　理想と現状とで乖離がある以上、日本は競争を避けることはできないし、負けない体制を整えざるを得ない。

　以上をまとめる。

- 武器の共同開発や武器のやり取りを外国と行い、技術の蓄積を行う
- 国家プロジェクトとして日本の防衛産業、特に原子力産業への積極的な投資を行う
- 大学の人材と技術を活用する
- 技術の秘密保持を厳格にする
- 核保有を目指す

　この5点が、日本の防衛力を高め、日本の技術力の発展と裾野を含めた多くの産業分野の成長に必要である。

4.　パチンコ高額換金の禁止

　現在、日本人のギャンブル依存症は536万人で、成人人口の4.8％に当たる。

　国際的な指標で社会的な生活に支障を与えるという、病的ギャンブラー（依存症）に当たるのは、日本では男性で8.7％、女性で1.8％と言われている。

　これはほぼ世界一の多さで、香港1.8％、アメリカ1.58％、韓国0.8％に比べても極めて高い。

　これはパチンコという日本特有の、生活の場に近接し身近に入り込んでいるギャンブルが原因と言える。

　ギャンブル用電子的ゲーム機（EGM：electric gaming machine）は、日本の459万台に対し、2位のアメリカが88万台、3位のイタリアが41万台、以下ドイツ26万台、スペイン24万台、オーストラリア19万台、イギリス15万台と続くが、日本が一桁多く存在する異常さだ。

　風俗営業法では、パチンコは遊技場のカテゴリーで4号に指定され、麻雀、射的、輪投げと同じ分類だ。

　麻雀を除いて景品交換が可能である。

　パチンコは後述するように、ほかのギャンブルに比べ、高価換金がいわゆる3点方式により事実上是認されている。

　ちなみに、5号はゲームセンターで景品不可となっているが、実際には麻雀もゲームセンターでも、800円以下の景品は黙認されているのが実情だ。

　パチンコの3点方式での換金は、出玉1個4円以下、総額9600円（＋消費税）以下と決まっている。

　1万円を超える場合は、客の身元確認が義務づけられている。

　日本は世界的にみても、EGMであるパチンコが市中に出回っているために、大変なギャンブル大国であり、ギャンブル依存症が多い国だ。

　海外のカジノなどは、国外からの観光客の売り上げが半分近くもあるのに対し、日本のパチンコは、ほぼ国内居住者で成立しているというのが特徴だ。

　パチンコが、日本人のギャンブル依存症の多さの起因となっている。

　韓国などは、済州島の江原ランド以外は、韓国人は入れないようにしている。

　主として外国人相手のカジノは合法だが、パチンコ店のパチンコやパチスロは禁止されている。

　外国人はギャンブル依存になっても、自国民は守るということだ。

　日本は、日本国民に対するギャンブル依存症対策が外国に比べ甘すぎる。

　ここにも日本の戦略の甘さが出ている。

　ギャンブル依存症になる日本人が多いのに、政府はなぜパチンコ業界の規制が甘いのか。不思議だし異常だ。

　パチンコの高額換金を可能にしている3点方式の放置を見直し、国民のギャンブル依存症を少なくするべきだ。

　1984年12月13日、警察庁刑事局保安部防犯課長は、「風営法は営業者に対する規制であり、営業者と全く関係のない（景品交換にかかわる）人にまで規制を及ぼすことはできない」と、腰が引けた答弁をしている。

　景品問屋が絡む4点方式では、複数の景品交換所から買った特殊景品がシャッフルされ、複数のパチンコホールに卸される。

　最初のパチンコホールにストレートに戻ってこないため、違法性を問いづらいという意見もある。

　ただ、パチンコ店と景品交換所は景品問屋を介して一体であり、景品の換金が一連の行為であるとして、賭博開帳図利罪や風営法違反との見方もある。

　このようなくだらない法律論争ではなく、結果として高額ギャンブルが放置され、国民の中にギャンブル依存症が増えていることを解決しなくてはならない。必要ならば法律を変えればよい。パチンコは遊戯としては問題ないが、高額ギャンブルは放置されるべきではない。

　公式ホームページで公表されているが、「パチンコを大衆娯楽として産業化し」「一般社会への有用性を正確に伝え、その必要性の理解を得る」ことを目的としているパチンコチェーンストア協会に、政治分野アドバイザーとして政治家が関与している。

　2020年9月25日の名簿で、自民党20名、日本維新の会7名、国民民主党7名、立憲民主党4名の計38名がいる。

　これはすぐに調べられ、実名も連ねられている。

　いったい何をアドバイスするのか。顧問料はもらっているのか。

　パチンコがギャンブル依存症を増やしている現状をなくすことを考えるべき政治家が、なぜアドバイザーとして名を連ねているのか。

　パチンコ店のパチスロやパチンコの機械を検定する財団法人保安電子通信協会のトップには、警視庁の警視総監、専務理事

には警察庁情報通信局長が天下りしている。

　また不正パチンコの不正防止機能をパチスロ大手メーカーの「山佐社」が特許で押さえているが、2016年に日本電動式遊技機工業協同組合理事長である山佐社の代表取締役と警察庁生活安全局の課長補佐とが2人だけで密会しているという報道があった。

　国民が世界的にみてもギャンブル依存者が多くなり、精神的、経済的に悲劇が起きているのに、一体この国の治安を担っている人たちは何をしているのか。

　国民を犠牲にして儲けているパチンコ業界とつるんでいるかのような為政者の行動は、誤解を与える。

　ギャンブルを全面禁止にすると、昔のアメリカの禁酒法や覚せい剤、闇賭博などと同様に、これらが地下に潜り反社会的勢力の資金源となる可能性もある。

　必要悪として最低限の公営ギャンブルは残さざるを得ないのかもしれないが、パチンコのような生活の身近にある射幸心をあおる民間賭博の高額換金は、全面禁止にする必要がある。

　最低でももっと低い上限額を徹底し、この国の市中のギャンブル大国に終止符を打たなくてはならない。

　パチンコ業界のためではなく、国民のための政治が行われなくてはならない。

　蛇足ながら、日本にカジノは必要ないと考える。

　人の射幸心をあおり、人がギャンブル依存になっても経済的利益を得ようとすることは、下品で、少なくとも正義を重んじる国家がすることではない。

　日本国民にするべきではないことは、海外の人々にもするべ

きではない。

　前述の国防などの国家の存亡にかかわることは、現在のように国という概念が残っている以上、時には理想論よりも現実的な判断が国益のために必要だ。

　一方、ギャンブルなどは、国防のように国家の存亡に関わることではない。

　一国の利己的な利益のために、他国がやっているから我が国もやるというのは、正義がなく、国際政治の場で様々なことを主張していく上で説得力が低下する。

　日本は今後、基本的に正義と正論をよりどころとして中立国を目指すのだとしたら、国防や食料、エネルギーの自立のような譲れないことには、現実的で国益重視の選択をすべきだが、それ以外では、正義と合理を基本に他国を説得していくことが大局的に国益となる。

　世界中の国がそのような国になり、最終的に国の概念がなくなり、各国の国益から1つの世界益のみとなった時に、世界の人々の幸せの総和が最大になるはずだ。

5. グリーン投資
（環境問題の解決に貢献する事業）

　日本は今までのように、品質の良いものを安く作って消費するという生活を今後も追求していくのが正解なのだろうか。

　物を安く大量に作るというモデルは、人件費が安く、これから生産ラインを新技術に合わせて新しく作る新興国の方がむしろ有利だ。

　そういった国は、今まで韓国、中国、東南アジア、今後はインド、さらにはアフリカ諸国と続くだろう。

　現在でも日本は苦戦しており、近未来的にも新たな新興国が出てきて、この路線を追求する限り、今後も新たな競争相手との際限のない競争が続く。

　かといって、日本はこのような過当競争には参加せず、より高度な技術力を追求して、今までのように高品質のものを作り続けられるのか。

　これも今の新興国が技術と資本を蓄積し、中国が、昔の安かろう、悪かろうから、より技術が必要な商品にシフトしていったように、今以上に厳しい競争となっていくだろう。

　では日本はどのような道を選ぶべきなのか。

　今までどおり技術力、生産力の向上を頑張るのは当然だとは思う。

　一方で、すでにあるものをなるべく有効に、廃棄するものを少なくする技術を開発し、そういった生活様式を確立するべきだ。

　江戸時代のように究極のリサイクル、新しい技術によって、無駄をなくすことを今以上に目指すべきだ。

　たくさん稼いで、最先端の物に囲まれ、より情報を得て、より効率的に暮らすのは、際限のない欲望が止まらず、限界があるのかもしれない。

　廃棄物をなるべく少なくし、リサイクルの効率を上げ、より無駄のない技術、生産、生活をめざすことも、生活の質的向上、資源の利用効率向上の点から、必ず必要になってくる。

　働くこと以外にもっと時間を割き、現在持っているものを大事に使い、物質以外の経験することなどに幸せを見出すなどを、もっと大事にするべきなのかもしれない。

　これは各人の価値観によるが、今よりも多様な価値観で、各人が充実した人生を送れると実感するのは悪いことではないと思う。

　と、エラそうなことをいう私自身も十分に電力等を消費し、なかなかエコな生活に浸れないが。

　今の行き過ぎた消費社会をやめ、よりリサイクルの徹底を目指すのが理想だと思う。

　例えば買い物時の使い捨てのポリ袋を減らし、テイクアウトの入れ物を自分で用意する。

　石油やガスなどの鉱物エネルギーを使う自動車をやめ、使わない自転車や徒歩をもっと生活に取り入れる。

　家や別荘などの時間を過ごす場所や車などを多くの人とシェアする。

　もっと田舎に住んで自給自足の割合を増やす。

　そういった考え方が今よりも普通になり、そのための社会的なインフラを整えていくべきだ。

　物事の再生利用で、行政レベルで行うべきことは、再生可能エネルギーとごみのリサイクル率の向上だ。

　再生可能エネルギーについて、太陽、水力、風力、バイオマス、地熱などの利用を、国レベルで推進することが必要だ。

　これは、すでにエネルギー自給率向上の項で述べた。

　ほかのエネルギーとして、原子力発電は、自給率向上の目的以外にも、核分裂技術、将来的に核融合技術維持発展のために必要だ。

　この2つのエネルギーは二酸化炭素も出さない。

　二酸化炭素は、温室効果により地球温暖化が起きると言われている。

　氷が解け陸地が減り、寒い地域の動植物が減り、食物生産が落ち、伝染病が増えるかもしれない。

　温度が上がり、海や雲が増え、台風や洪水が増えることや、逆に砂漠が増える可能性もある。

　規模が大きい話でその影響を正確に推測することは難しいと思うが、いずれにせよ環境が変わることによる不確定要素はあり、悪い方に変化する可能性もあるだろう。

　現在を生きていても、我々には将来に対する責任がある。

　少なくともまずは上記のことを行い、カーボンフリーまではいかなくても、カーボンの排出量と植物による光合成などによる吸収量とが同等量となるようなカーボンニュートラルは目指すべきなのだろう。

　次にゴミのリサイクル率の向上について。

　日本のごみのリサイクル率は、2018年で19.9％だ。ドイツ67.3％、スロベニア58.9％等のヨーロッパ諸国に比べて低い。分別と再利用の徹底を行政が行う必要がある。

　加えて、今後作る道路に関しては、今まで以上に、車だけではなく、歩道、自転車道の充実を図る。

　ポリエチレンや缶から、再生可能な紙や長期に利用できるビンへ変えることや、見た目の購買意欲をそそるための過包装を、法的に禁止するなどができることだろう。

　このグリーン投資については、今まで言われてきたような当たり前のことしか書けないが、国レベルで、この分野を推進していく必要性は、今後増していくのだろう。

6. デジタル化
　　（DXデジタルトランスフォーメーション）

　デジタル化については今まで何となく、日本は工業国なので、世界の中で進んでいると思っていたが、実は新型コロナの給付金支給や、感染者情報アプリの普及の低さなどで、情報分野では遅れているのが明らかになった。

　中国、韓国、台湾の方が、日本よりも実践的な活用の分野では効率的になっている。

　今や日本は、デジタル後進国だ。

　2019年時点で、日本でデジタル化が完了済みの企業はわずか8%と言われている。

　デジタルトランスフォーメーションとは、デジタル技術による業務やビジネスの変革のことで、RPAやAIなどを活用し、統一されたネットワークで処理することだ。

　RPAとは、Robotic Process Automationの略で、コンピュータ上の繰り返される単純業務をロボットにやってもらうことだ。

　例えば、コピーペースト、ファックスでの発注書をシステムに入力する作業などを自動化することをいう。

　AIは、Artificial intelligenceの略で、推論、問題解決などの知的活動をコンピュータで行わせる技術を言う。

　日本では、リコーがRPAを使い、購買単価の分析データを作成したり、評価作成業務の自動化などで200以上のロボットを稼働したりしている。

　埼玉高速鉄道は、AIで電車の中にいる人を認識分析し、最適化された広告をスクリーンに表示するシステムを行っている。

　海外では、シンガポール海事港湾庁がAIで船の衝突リスクの回避を行っている。

　日本では、国、地方、会社間でオンライン手続きの不具合、不整合がある。

　今後規格の統一、ネットワーク全体をソフトウエアで制御できるようにすることが必要だ。

　各職場に既存のローカルに構築されたシステムがあるため、統合していく必要がある。

　その他の課題としては、甘いと言われているセキュリティーの改善や、個人情報保護の強化がある。

　また、日本のデジタル市場の技術の低さや、環境の貧困による魅力不足により、優秀な人材が海外から来ないなどの課題もある。

　これらは難題だが、国レベルで解決を目指し、デジタル化を進めていかなくては日本の効率的な社会の構築は達成できない。

第4章
効率的な領土

　日本は周囲の国と領土に関して、合意していない問題を抱えている。

　韓国との竹島、ロシアとの北方領土、中国との尖閣諸島だ。

　北方領土には多くの日本人が住んでいたし、尖閣諸島には日本人の生活実態があったが、竹島にはほとんど人が住んでいなかった。

　日本を含む列島は、樺太から台湾までが弧を描いている。

　大きな島は、樺太から台湾までで、台湾以外では、北海道、本州、四国、九州に樺太を含めた5つだ。

　吐噶喇列島、南西諸島（奄美群島、沖縄諸島、先島諸島）、大東諸島、小笠原諸島、沖ノ鳥島、南鳥島などは小さな島と海洋部分から成り、地域的な連続性を持った開発には投資効率が悪い。

　樺太から九州までの大きな5つの島に集中投資した方が、開発効率が良い。

　日本の領土の効率的な利用を考える時に、3つの領土問題よりも、樺太を日本の将来のために活用できるようにする方が、実現性の可否はあるにせよ、より大きな課題と考える。

　つまり、日本の地政学的な領土的課題には、周囲の国との竹島、北方領土、尖閣諸島の問題と、北の大きな島である樺太をもっと活用することの2点がある。

　これらを解決できれば日本は、国土的に、より効率的な利用発展が可能になるのではないかと思う。

　現在では、樺太については現実味がないと思うかもしれないが、重要課題として考える。
　さらに日本の土地を外国資本が所有できる問題についても論じる。

1.　周囲国との領土紛争地域について

　日本には、いまだに周囲国と領土に関して解決していると言えない地域が3か所存在し、それらの国と摩擦が起きることも多い。

　これらの歴史、現状、解決方法について論じる。

（1）竹島

　竹島は日本と韓国が領有権を主張し、韓国が事実上支配している。

　利用できる水源がなく、人が永住しづらく樹木もほとんどない岩の島のため、実質的には周囲の海洋権益以外では利用価値がない。

　いつもながら、韓国の日本に対する度を越した愛国心の発露として竹島領有をことさらに主張するため、両国、特に韓国の感情的な火種の原因となっている。

　政治、文化、スポーツなどのあらゆる分野で韓国は日本が絡むと冷静な判断と行動ができないことが多い。

　日本としては、このような感情的な韓国に対しては、感情論ではなく国際法にのっとり冷静に、しかし堂々と日本の主張を繰り返し、韓国と世界にしっかりと言い続けるべきだ。

　まずは竹島の歴史から。

　今の竹島は、日本において、幕末以前は松島と呼ばれ、今のウルルン島が竹島と呼ばれていた。

　ところが幕末から明治中期にかけて、西洋の地図でウルルン島が松島と誤って記載されていたため、今のようにそれぞれを竹島、ウルルン島と呼ぶようになった。

　江戸時代の竹島はウルルン島に渡る際の停泊地として利用されており、幕府の許可を得てアワビなどを採っていた。

　隠岐郡五箇村収入役の八幡才太郎が60余年間書いた日記では、詳細な地図とともに、

「竹島のアワビは古来より最高級と称賛され都への献上品として使われた隠岐産の物よりもっと肉が厚く、収穫量は多い日で200貫（750kg）になった」とある。

　1903年に隠岐島の中井養三郎が魚舎を立てて移住した。アシカ、アワビ、ナマコ、ワカメの漁獲を行った。

　1904年9月29日、アシカの絶滅を危惧した中井は竹島の領土編入と、貸下げの申請を内務省、外務省、農商務省の3省に願い出た。

　この時、誰にも所有されたことがないと申請書に記している。

　日本政府は、朝鮮の文献などを調査した上で、どこの国も竹島を自国領と主張していないこと、日本人しか実際に漁業をしていないことを慎重に確認した。

　無主地であることを確認した日本政府は、1905年1月28日に竹島を島根県隠岐島庁へ編入し、隠岐島司の所管とする閣議決定をし、内務大臣芳川顕正が内務大臣訓令として告示を発布し国際法にのっとり正式に日本の領土となった。

　同年2月22日、島根県庶十一号を発し県に編入し、竹島での漁猟は島根県の許可制となった。竹島の日はこれに由来している。

　1935年の記録には、当時は日本統治下の朝鮮出身の海女の

ウルルン島からの出稼ぎがあり、1回50日くらいの漁で、給与150円とある。当時の1円は、今の7000円くらいなので、105万円ということになる。

当時の男たちへの報酬は100円くらいなので、比較的高賃金だった。

1941年に竹島は帝国海軍軍用地となり、管轄が島根県から旧海軍舞鶴鎮守府に引き継がれ、アシカやアワビ漁は停止された。

1951年、漁業権を持つ橋岡忠重は漁の再開の嘆願書を島根県に提出し、1954年6月に島根県監視船「しまかぜ」が竹島視察を行った。

韓国は、歴史に出てくる于山島、石島が今の竹島（韓国名独島）だと主張している。

まず于山島については、李氏朝鮮時代の地理書である新増東国與治勝覧では、于山島は朝鮮半島とウルルン島の間に描かれていて矛盾する。

また、樹木が見えるとあるが、樹木のない竹島を指すとは考えづらい。

韓国側は、17世紀に安龍福という民間の朝鮮人が日本に渡り、ウルルン島と竹島は朝鮮の領土であると抗議して韓国領となったと主張している。

幕府は「隣国との友好を損なうのは得策ではない」と友好関係維持に配慮し、ウルルン島へは日本人の渡航を禁止したが、竹島への渡航は禁止しなかった。

そもそも安龍福は当時の朝鮮国王朝とは関係のない私人であり、公式の立場ではなく根拠にならない。

次に石島について。1900年に大韓帝国勅令第41号が官報に

掲載され、独島は石島という名でウルルン郡の管轄となり、当時の日本の明治政府が竹島を島根県に入れなかったと主張している。

　しかし例えば1906年7月13日付の大韓帝国の皇城新聞は、ウルルン郡の所管は東西60里（24キロメートル）、南北40里（16キロメートル）と記されているが、竹島はウルルン島から90キロメートル以上も離れており石島は竹島ではない。

　仮に勅令第41号の石島が竹島を指しているとしても、この時期に韓国が竹島を実効支配した事実を示す証拠は示されていない。

　1949年、シーボルト駐日政治顧問代理は、国務長官あてに「竹島に対する日本の領土主張は古く正当」と提言した。

　竹島を日本の領土として明記したサンフランシスコ平和条約の草案が作られた。

　1951年のサンフランシスコ平和条約では、日本が放棄すべき地域として「済州島、巨文島、ウルルン島を含む朝鮮」と規定されている。

　韓国側が、竹島を入れることを主張したが、米国のラスク極東担当国務次官補は梁大使への書簡で、竹島は朝鮮の領土として扱われず、朝鮮によって領有権の主張がなされておらず根拠がないと、韓国側の主張を明確に否定した。

　サンフランシスコ平和条約に竹島は放棄すべき領土に明記されなかった。

　さらにサンフランシスコ条約で、竹島をアメリカ軍の訓練地として日本国が提供する協定を締結し、日本の領土として認めていた。

　このようなアメリカ側の認知状況にもかかわらず、1952年

に韓国によって李承晩ラインが一方的に引かれた。

　歴史的にみて、国際法上全く韓国に根拠がない、戦後の混乱に乗じた一方的で独善的な暴挙である。

　その後、日韓基本条約にて李承晩ラインは廃止された。

　1953年6月27日、日本国海上保安庁と島根県の約30名が竹島調査を実施し、「日本島根県隠岐郡五箇村」の領土標識を立て、竹島に住み着いていた韓国の漁民6名を退去させ、島を離れた。

　7月12日竹島に上陸していた韓国独島守備隊が日本の海上保安庁巡視船「へくら」に発砲した。この守備隊は、元軍人、警察官、民間人33人で、李承晩大統領の指示のもと、韓国警察から武器の供与を受けていた。隊員が制服を着用していたことからも、民兵組織とは言いきれず、日本側は韓国の「官憲」と認識していた。

　1956年以降、武装警察官が常駐する等、韓国は竹島の武装化を進め、不法占拠が続いている。

　以上の経過で、韓国の主張は歴史的にも国際法上も何ら根拠がない。竹島は日本の領土であるにもかかわらず、韓国は自国のものと主張している。

　1960年、駐日大使マッカーサー2世は、米国国務省への電文の中で、韓国のこの占拠を海賊行為と非難している。

　このように、竹島に関しては少なくともアメリカは日本領と認めていた。

　つまり韓国が言うように明らかに韓国領だという事実は全くない。

　韓国が戦後の混乱に乗じて武力を使い、一方的に占拠したものであり、韓国のこのような行動は国際的にも非難され、今ま

での不法占領の償いをさせるべきだ。

　このように日本から強奪した竹島にもかかわらず、何でも戦時中の日本帝国主義のせいにして根拠のない自国の主張を繰り返す韓国側の態度にはいつもながら辟易（へきえき）する。

　韓国は日本に対しては何をしても、何を言ってもいいという甘えと無礼な態度をいいかげんにやめ、韓国こそ歴史を正しく認識すべきだ。

　公式的な事実だけをまとめると、1905年まで日本（人）だけが主として利用していた。

　1905年に日本が領有を宣言した。

　1952年に韓国が日本の敗戦による政治的にも国際的な立場も不安定な状態の時に、少なくともアメリカは日本領だと認めていたにもかかわらず、どさくさに紛れて武力で勝手に李承晩ラインを引いて不法占拠してしまった。

　国際司法裁判所での解決も拒否している。

　歴史的にも国際法上も、日本の領有になると考えるが、韓国が事実上支配をしている状態である。

　当然日本が抗議し続けているため、平穏の条件を満たしておらず、実効支配とは言わない。

　1999年の日韓漁業協定では領土問題は棚上げされ、竹島周辺海域の排他的経済水域（EEZ、取り締まりを行える水域）が曖昧になった。

　お互いの国が自国の船を取り締まるということになった。

　韓国は固定式の刺し網や籠漁であり、日本が底引き網でこれらをひっかけるため、競合してしまうと日本側が手を引いていた。

　韓国当局は自国の密漁に目をつぶり、韓国側が独占し水産資

源保護の意識に欠けるため、乱獲され資源枯渇になるという異常事態となっている。

　漁獲量が落ちると日本のEEZまで不法侵入して密漁することもある。

　韓国は現在、民間組織のVANK（voluntary agency network of Korea）が韓国観光公社との共同事業として、竹島問題について組織的、計画的に情報宣伝工作を行うサイバー独島士官学校を設立している。

　中高校では教科書に安龍福の話があり、「独島はわが領土」という歌が歌われ、幼い頃から上記のような、史実として正確とは言えない曖昧な話を正当化し、定着させる教育を行っている。

　2005年の島根県の竹島の日条例に対抗し、慶尚南道馬山市はなんと対馬の領有権を主張する「対馬島の日」を公的機関である市が制定するという異常な行為を行っている。

　これは例えば日本の長崎市が、韓国の済州島を日本の領土だとし「済州島の日」を制定するようなとんでもない話だ。日本に比べ、感情的な世論が形成されやすいと思われる韓国ならば、火がついたような怒りに満ちるであろう。

　これを韓国の馬山市という地方自治体が行ったのだ。

　新規に発見された生物種の学名に独島が含まれ、独島の名の国際的認知を高めるキャンペーンも行っている。

　ウルルン島の独島博物館のレリーフが、本来の地図とは逆に于山島の位置がウルルン島の東に移動して展示されるという、信じられない偽造も行っている。

　2007年の10万ウォンの図案で、大東與地図の原図にない独島を姑息にも付け足した。

　また、竹島には下水処理システムが機能不全であり、韓国沿

岸警備隊や灯台駐在スタッフなどによって下水が排出され、2004年11月には1日8トンもの汚泥が連日日本海に投棄され、サンゴが死滅しサンゴ礁の石灰化が広がった。

　自分たちの主張を通すために、民間機関だけでなく、偽造のお札、市や観光公社、学会、博物館などまでもが嘘をつき、環境破壊も平然と行う韓国は卑怯で自分本位な国だ。

　いくら隣国と言っても、このような韓国に対しては、友好の名のもとに何かと妥協し、いつかはわかるという日本的な考えはやめるべきだ。

　日本への不満を表す韓国人が、我が国の国旗や総理の写真に火をつけたり、踏みつけたりするが、無礼極まりなく許せない。

　日本の旭日旗に対しての言いがかりも失礼千万だ。

　旭日旗は元々「日足」と呼ばれて九州地方の武家の家紋として用いられており、軍国主義から発生したものではない。

　日本帝国陸軍が1870年に、日の丸と合わせて旭日旗として軍旗とした。

　1889年に海軍でも採用され、現在の陸上、海上の自衛隊旗となっている。

　民間では大漁旗や朝日新聞社で使われている。

　2011年までは問題になることはほとんどなかったが、2011年サッカーアジア杯準決勝の日韓戦で韓国選手の奇誠庸が猿真似をして日本を侮辱したにもかかわらず、「観客席にあった日章旗への報復」と発言したことから現在のような排斥運動となった（実際には観客席に旭日旗は確認されていない）。

　日本人が韓国人に猿と言われる筋合いは全くない。

　言う奴の知能、品性、人格こそが猿並みだ。

　このような韓国人のいつもながらの独りよがりの言動には心底あきれ、その幼稚性を相手にすることさえ時間の無駄だが、普通の国ならば一番悪いのは猿真似をした奇誠庸その人であり、彼が非難されるべきことだ。

　実際彼がプレーしていたイギリスでは、タブロイド紙『ザ・サン』が、「生意気な猿"奇"」との記事で批判的に報道し、人種差別行為を監視する団体SRTRCの幹部が、奇がスコットランドのサポーターから猿の鳴き声で侮辱されたと告発することで、自分も差別を受けたと被害者としてふるまう奇の説明を疑問視した。仮に差別を受けたとしても、差別をしてもいいということにはならないし、まして日本人が彼を差別したわけでもない。

　これが当然の反応だ。

　これを韓国社会は、彼への非難よりも、戦後65年間問題にしていなかった旭日旗に結び付けて日本を陥れる方に向かった。

　日本から見ると、理解不能で独善的な驚くべき度を越した感情的な世論の動きだ。日本に対しては何を言っても、何をしてもいいという、このような態度は全く無礼だ。

　このような意味不明の言いがかりを全く気にせず、日本は今後も歴史ある旭日旗を堂々と掲げ続けよう。私も本書の帯の背に旭日旗を載せた。

　韓国は、何が正しいかよりも、まずは日本叩きを優先することがよく見られる。

　日本に対するこのような理性のない感情的な言動を改めない限り、今後も韓国は嫌われ続ける。

　逆のことをしたら、感情的であろう韓国人たちは烈火のごと

く怒るだろうに、自分たちは相手が嫌がる独りよがりなことを平然と行える。

　日本人は、このような卑怯で無礼で独善的な者たちがいる韓国に、もっと怒りを示すべきだ。

　日本に対しては何をやってもいいと勘違いしている韓国人たちに、もう妥協する必要はない。

　韓国の中国に対しての、多くの局面での卑屈な弱腰を見ていると、この国には寛容よりも強い姿勢、力で対することが必要だ。

　戦後75年以上経ち、このようなアンフェアな韓国にはそろそろ正当なことは堂々と訴え、甘えを正さなくてはならない。

　それが通らないならば、友好を損ねても国益を損ねないために強く主張し、そのような感情的な言動をすると自分たちが損をするということを知らしめるべきだ。

　我々日本人が最低限のルールを守るのが当然と考えるのとは違い、韓国は少なくとも日本に対しては嘘をついてでも自分たちの主張を正当化し、その嘘を繰り返し発言し既成事実化しようとする。

　そのような国に対しては、これ以上妥協すべきではない。

　何をしてもいいのだと考えている国に対しては、甘い対応をしているといつまでも一方的に譲ることになってしまう。

　事実、竹島という、今まで示したように日本の固有の領土が韓国に武力でもって強奪されている。

　上記のように歴史的に、国際法上は正当性がある日本が竹島を実効支配するためには、感情的で事実を歪曲する自分本位の韓国との2国間では不毛なやり取りが続き、解決は困難で、国際司法裁判所に訴え、そこで堂々と主張し、全く妥協せずに竹島を取り返すべきだ。

　韓国、北朝鮮については、さらに思うことを述べたい。

　竹島は、歴史的にみるとすでに述べたように、本来日本の領土で、戦後のどさくさにまぎれた李承晩ラインで日本から韓国が強奪したものだ。

　竹島が日本に戻されない限り、韓国とは、軍事的、政治的、文化的に距離を置いた付き合いでよい。

　日本が今のいびつな日米同盟から距離を置き、提案してきたように中立国になれたとする。

　すると今までは、中ロ北朝鮮と対抗する上で戦略上必要だった日米韓の枠組みがなくなり、本来相性が悪いがやむを得ず手を組んでいた日韓は今後是々非々で付き合うこととなり、自然と今よりも距離をおく関係となる。

　お互いに冷静になり、国益に沿った判断をしていけばよい。

　すでに示したように、韓国は公的機関まで、自説を主張するためには嘘をつく。

　国際的に日本の悪口を延々と言い続け、日本に対してなら何を言ってもやってもいいと思えることが多々ある。

　政府のみならず国民まで多くの部分で反日的である国とは、上記の日米韓の枠組みの必要性がなくなれば、もちろん対立は望まないが、国益を棄損してまで付き合う必要はなく、是々非々の付き合いでよい。日本は和を尊び、敵を作りたがらないことが多いが、こと韓国に対しては、この考えを改めて対峙しなくてはならない。

　戦争とは異常な状態で、多かれ少なかれ非人道的なものなので、決してすべきではない。

　戦時中の所業は平和な時代の倫理観では許されないことが多

い。

　日本はもちろん、世界中のどの国も歴史的にたくさんの間違った行為をしてきた。

　敵（人）を殺すほど英雄だなどという価値観は、戦争という異常な状況以外ではないだろう。

　他国もやったから日本もしょうがなかったと言うつもりはない。

　しかし日本だけが特に非倫理的だったのだろうか。

　戦後76年たった今も、日本がずっと非難され続けることには納得がいかない。

　韓国は、ドイツは反省しており日本も見習うべきだと言う。

　ドイツのユダヤ人虐殺などの行為は日本の植民地政策とは全く異なりひどい。

　そもそも当時は朝鮮半島の人々は望まないケースが多かったとは思うが、法的には日本人として戦争にも参加していたはずで、戦争に反対し続け、模範的な行動をし通してきたと言い切れるのだろうか。

　日本の併合による植民地政策に対しての意見は理解できるとして、戦争についての現代の価値観から見た日本への一方的な非難はフェアではない。

　1910年に日韓併合が行われたが、1914年時点では、世界の84％が植民地だった。今とは全く倫理観が異なる時代だった。

　ドイツはすべてをナチスのせいにして、一般国民はナチスを非難することで国として反省しているということになっている。

　日本人も、朝鮮半島出身者の人々もすべてを日本の軍部のせいにして、直接的、間接的に関与したことは全くないと言い切

れるのだろうか。

それは本当の国、国民としての反省とは違う。

ナチスもドイツの国民的な熱狂のもと、一応民主的な手続き
で選ばれたのだから、ドイツという国全体の責任であり、ナチ
ス以外の国民も総懺悔すべきなのだ。

日本はすべてを軍部のせいにして、その他の国民は知りませ
んという総括はしていない。

だからいまだに日本国民は特にアジア諸国に対しては申し訳
なかったという気持ちを持っている。

独裁国家にならないように民主的な国を造って来た。

今、日本と中口北朝鮮を比べたらどちらが戦争を起こしやす
い国なのか。

日本ではないだろう。このことこそが日本がすべての国民を
含めて戦後、綺麗な言葉だけではなく、行動で反省してきた結
果だ。

日本も戦時中の所業を省み、ソ連やアメリカの日本に対する
シベリアでの残虐な行為や原爆投下について言いたいことは山
ほどあるが、自らの主張のみをすることは不公平だと思い、自
重的な言動が多いと思う。

日本をののしる韓国も、ベトナム戦争での韓国軍の所業はひ
どいものだった。

イギリスのBBCは、韓国兵がベトナム人女性を性的に暴行
し、生まれた混血児（ライダイハン）は5000人から3万人に
上ると報じている。

日本には日韓合意を白紙化し、3年連続で、国連人権理事会
で慰安婦に言及するなど問題を蒸し返しながら、韓国軍による
ベトナムでの広範な性暴力については認めておらず謝罪してい

ないと指摘している。

　また韓国紙のハンギョレ新聞でさえ、1964年から1972年までの期間に80件余り、9000人余りの虐殺をベトナムで行ったと伝えている。

　戦時中の行為に対して、日本が非難され反省しなくてはならないように、韓国も非難され反省すべきことがあるはずだ。

　どの国も戦時中の異常行為について、いつまでも他国を口汚くののしり続けるほど倫理的ではないはずだ。

　韓国には、そういった自らの非道を直視し、省みないにもかかわらず、他国を非難することには躊躇しないという独善的な態度がある。

　日本は自省の念があるために、このような韓国の独善的な態度も戦後ずっと我慢してきた。

　しかし韓国にはそのような自省のメンタリティーは日本に比べて少ないようだ。

　日本に竹島が戻り、韓国が国としての約束を守り、もっと自分たちを客観的に見られるようになり、国際的にも自己を正当化するための嘘を言い続けずに、事実に基づいて判断できるようになり、何でも反日という姿勢ではなくなった時に初めて、友好を深め、真の外交を始めればいい。

　外交は両国が誠意と礼儀と敬意を持たない限り良くはならない。

　独善的で無礼な国には、こちらが誠意を尽くし、妥協しても損失を重ね徒労に終わる。

　しかし竹島は韓国に事実上支配されており、日本としても隣国であることは変えられないために対話の窓口は残しておくべきだ。

　もう1つの朝鮮半島独裁国の北朝鮮は、その異常性がまだ明らかにはなっていない。

　ベトナムに対する韓国軍の行為や戦時中の日本軍以上の、国際的に非難されるべき非道、特に自国民に対する非人権的な行為や、日本人はじめ外国人の拉致問題等の全容が、いつか明らかになる時が来るだろう。

　北朝鮮も、韓国同様、日本に対して感情的で、何をやってもいいという不遜で無礼な態度が多い。

　日本は戦後、北朝鮮とは全く異なり、戦争を起こさない民主的な国を、アメリカなどの他国の圧力がきっかけだったとしても造ってきた。

　日本は、韓国や北朝鮮に曖昧な態度をやめ、領土問題、歴史問題などについて、国際社会に是々非々を堂々と主張し、覚悟を持ってやっかいな朝鮮半島に対峙していくべきだ。

（2）尖閣諸島

　尖閣諸島は8つの島からなり、日本が支配している。沖縄県石垣市に属する。

　中国、台湾では釣魚群島といい、現在それぞれが領有権を主張している。

　水源がなく、農業に適さないため定住者はいない。

　第二次世界大戦前の一時期、日本人が200人余り生活していたが、経済的に成り立たなくなり定住を放棄した。

　琉球王国の頃から、沖縄の漁民はこの島々に命名し、沖縄と一体のものと考える生活圏であった。

　1819年には、公務中の琉球王族が魚釣島に上陸し飲水調査

をしている。

1885年以降、内務卿山県有朋などが沖縄県当局などを通じて尖閣諸島の現地調査を幾度も行った。

無人島であるだけでなく、清国を含むいずれの国にも属していない土地（無主地）であることを確認した。

1895年、国際法で認められる領有権取得の方法に合致する先占の法理により日本は閣議決定し、日本の領土（沖縄県）に8島とも国有地として編入した。

1896年、実業家の古賀辰四郎は、沖縄県から開拓許可を得て尖閣諸島でアホウドリの羽毛採取などの事業を開始した。

日本政府は古賀に国有地の魚釣島、久場島、北小島、南小島を30年間無償貸与し、その後は1年ごとの有償貸与とした。

1900年に沖縄県師範学校博物農業教師の黒岩恒が、各島が尖っていることから尖閣諸島と命名した。

1902年、石垣島大浜間切登野城村に編入され、地番の標杭が設置された。

古賀辰四郎、善次親子はアホウドリの羽毛採取、グアノ（海鳥糞）の採掘、鰹漁業、鰹節の製造などの事業を経営し、1909年には99戸248人が生活していた。

1932年、上記4島は古賀善次に1万5000円で払い下げられ私有地となった。

1940年、アホウドリの羽毛採取は乱獲や猫害などにより中止となり、古賀善次は尖閣諸島での事業から撤退し無人島となった。

1945年の敗戦により、連合国最高司令官指令第677号で尖閣諸島を含む南西諸島は、米軍の直接管理下に置かれた。

米軍の射爆演習場となり、古賀善次から年間1万ドルで借地貸与を受けていた。

　1951年のサンフランシスコ平和条約で日本は独立を回復したが、引き続き米国の施政下に置かれていた。

　1969年、国連アジア極東経済委員会による海洋調査で、イラクに匹敵する大量の石油埋蔵量の可能性が報告され、これ以降に中国、台湾が急に領有権を言い始めた。
　石原慎太郎は江藤淳との共著「断固NOと言える日本　戦後日米関係の総括（1991年）」において、
「海底に油田があるという話が出てから、米国の石油メジャー会社が時の佐藤首相に採掘を持ちかけてきた。佐藤首相が、自国日本のことだからとそれを退けると、彼らは同じ話を台湾と北京に持ち込み、"あの島々は本来なら中国の領土のはずだ"とそそのかした」と書いている。
　台湾は、1971年6月に外交部声明で公式に領有権を主張した。
　台湾の主張は、魚釣台は15世紀に中国人が発見し名付けた台湾に属する固有の領土であり、下関条約で清から台湾及びその付属諸島が日本へ帰属が移ったが、第2次大戦の結果サンフランシスコ講和条約の台湾放棄で領土の帰属は台湾に戻ったと主張した。
　中国は、1971年12月の外交部声明で、公式に領有権を主張した。
　中国は、1534年に明の第11任琉球冊封使陳侃が尖閣諸島を調査し、「使琉球録」で釣魚嶼と命名したと主張している。冊封使（さくほうし）とは、中国皇帝が従属国に派遣する使節のことである。
　1562年浙江提督胡宗憲も籌海圖編で魚釣嶼と記載し、その後歴代の中国君主は中国の領土に釣魚嶼を含めたとも言ってい

る。

　また日本政府の閣議決定は秘密裡に行われたもので、国際社会に宣言しなかったとも主張している。

　しかし1953年1月8日付の中国共産党の人民日報は、「琉球群島人民による反米闘争」と題する記事で、琉球群島の範囲を「尖閣諸島、先島諸島、大東諸島、沖縄諸島、トカラ諸島、大隈諸島など7つの島嶼からなっており」と尖閣諸島を含めて紹介している。

　1969年に中国で刊行された「中華人民共和国国家測絵総局（現、国家測絵地理信息局）」の公式地図に尖閣諸島の魚釣島から赤尾嶼（大正島）までが日本名で「尖閣群島」と表記されており、巻頭に毛沢東主席の言葉も掲載されていた。

　中国の社会科地図では、1970年は「尖閣諸島」と日本名で描かれ日本領だったが、1971年には「釣魚台」と中国名で描かれ中国領として記載された。

　また、米軍が射爆場として利用していたことに対して一度も抗議声明を出していない。

　1972年の沖縄返還協定に基づき、1972年に沖縄の一部として尖閣諸島も日本に返還された。

　1978年古賀善次が死去し、魚釣島、北小島、南小島の3島の所有権は、埼玉県大宮市の不動産業栗原国起に譲渡された。

　同年に日本青年社が魚釣島に施設灯台を建設し、保守管理していた。

　米軍が久場島、大正島の射爆撃場については、日米合同委員会における合意で、米軍が使用する場合には原則として15日前までに防衛省に通告することとなっていた。

　1978年以降はその通告がない。

　2000年に魚釣島に尖閣神社が建立された。

　2002年に総務省が埼玉県の地権者と賃借契約を締結した。

　2005年に灯台は国に譲渡され、海上保安庁によって魚釣島灯台として管理されている。北小島にも灯台がある。

　中曽根内閣（1982～1987年）の時に海上保安庁は魚釣島に仮設ヘリポートを設置したが、中国政府の抗議により撤去された。

　2012年東京都が3島の購入を表明したが、日本政府が20億5000万円で購入して日本への所有権移転登記を完了し、尖閣諸島を国有化した。私有地は久場島のみとなった。

　尖閣諸島付近の採掘工業権は所有者とは別に、双日、コスモ石油、アラビア石油の出資会社であるうるま資源開発（株）が持っている。

　国連安全保障理事会は、武力による紛争解決を図った国に対する軍事制裁を可能としているが、紛争当事国は投票を棄権しなければならず、例えば中国が武力による解決を図った場合、日本は賛否すら表明できない。

　国連海洋法条約は「沿岸国の平和、秩序又は安全を害しない」限り、軍艦であっても事前通告なく他国の主権が及ぶ領海を自由に運航できる無害通航権を定めている。

　中国は自国領と主張し、中国軍艦が尖閣諸島の領海へ侵入することがあり得るが、日本は無害通航とは認めず、海上警備行動を発令し自衛隊の艦船を派遣し中国軍艦に速やかな退去を促す方針だ。

　また、領海の外側の通関や出入国管理を行える接続水域、更にその外側の資源の主権的権利が及ぶ排他的経済水域と公海の境界の考え方が分かれている。

　国連海洋法条約の規定では日中等距離中間線論の考え方によ

り、尖閣諸島は日本領となる。

　しかし、中国は、南西諸島の北西沖になる海盆である沖縄トラフの端までの大陸棚の上に載っている海域すべて自国の国の海だという大陸棚自然延長論を主張しており、その考えだと中国の権利が及ぶ可能性もある。

　つまり、歴史的に日本の主張が優位で日本が実効支配している。

　しかし現在の国際的な政治的立場や軍事力では中国が優位で、日本は弱い。

　中国の発言力が強い国連も当てにならない。

　次で述べる北方領土問題があるロシアのGDPは日本の3分の1以下だが、政治的、軍事的に強く、国際的にも発言力がある。

　これらの国と対峙するには、今までのように、なかなか前進しないが西側諸国と一連で行動するか、核武装して中立国となり日米同盟を弱め、中国やロシアと真正面から交渉するしかない。

　日中が本当に軍事的にもめた場合に、米国を含め、本気で中国と対立し日本に加勢する国はないだろう。

　この点からも日本は核武装中立で、自国の国益は自国で守るべきだ。

　時の流れは今後、より大国化していく中国に有利で、日本は今までのような経済一本やりから、これまで述べた方法などで政治、軍事分野で今より力を持っていくべきだ。

　今のように国家意志が薄弱なままでは、あらゆる面でじり貧となっていく。

（3）樺太、得撫島〜トカラ列島の領土。首都〜ロンドン間の鉄道・道路開通

　日本周辺の地図を見ると、日本の北には大きな島である樺太がある。

　日本人は樺太にあまりにも無関心ではないだろうか。

　私は樺太に行ったことがあるが、日本語はもちろん英語もホテル以外のタクシーやレストランでもほとんど通じなかった。

　メニューはロシア語のみなので全くわからず、近くで食べている人の皿を指でさして注文した。

　タクシーもガイドブックのロシア語を見せて何とかホテルに帰れた。

　朝、ホテルの周りを1時間くらい散歩したが、車は少ないが、結構多くの人が黙々と歩いていた。

　街中で東洋人を見たが、日本人は全くと言っていいほどいないらしい。ほとんどが日本の植民地時代の朝鮮半島出身者の子孫のようだった。

　旧日本領時代の建物なども残っていたが、その中でも日本風のものはほとんどなく、西洋的なものだけを残したのだろうかと思った。

　樺太の歴史博物館に行ったが、日本領時代の記述はかなり少なく、全体的に日本領時代の雰囲気を消し去っているようにも感じた。

　日本からこんなに近いのに、ほとんど日本的な雰囲気がない異文化な空間を実感した。

　北海道稚内から船で行き、飛行機で羽田に帰ってきたが、東欧や、ロシアのウラジオストックなどを含め、今まで行った外国とは全く雰囲気が異なりロシアの超田舎という感じだった。

　日本は北海道の北の大きな島であるこの樺太にもっと着目すべきだ。

　陸地が少ない日本の効率的な領土利用という点と、ロシア、ヨーロッパへの交流の入り口としても重要な島である。

　日本の文化的、政治的、経済的可能性が、中国や朝鮮半島への西、東南アジアなどへの南、アメリカや太平洋諸国への東方向のみならず、今まで疎遠だった北方向に開けるのは意義があることだ。

　日本は歴史的にこの北方ルートをあまり注目してこなかった。これは日本にとっては大きな損失だ。

　日本人にとって比較的なじみが低いと思われる樺太や北方領土について、まず歴史から述べる。

　択捉島にはアイヌが先住していて、1661年に伊勢国の七郎兵衛らの船が漂流した。

　1635年松前藩は樺太調査を行い、地図を作製した。

　1760年代にロシア人のイワン・チョールヌイが択捉島でアイヌから毛皮税を採りたてた。

　1780年代に徳川幕府の派遣した探検家の最上徳内が択捉島を訪れ、択捉島には3名のロシア人が居住し、アイヌの中にロシア正教を信仰する者がいた。

　1854年豊島毅が千島列島、全樺太島、カムチャッカ半島までの「改正蝦夷全図」を作成。

　1855年日露和親条約（下田条約）で択捉島と得撫島の間を国境線とした。

　1869年蝦夷地を北海道と改称し、11国を置き、この時千島国に5郡を置いた。

　1875年樺太千島交換条約により全樺太がロシア領、全千島列島が日本領で千島国に編入。

　1905年日露戦争勝利によるポーツマス条約により、南樺太が日本領になった。

　1940年日独伊3国同盟にロシアが加わり4国同盟とすることがほぼ同意されたが、ドイツのロシア奇襲攻撃により消滅した。

　この時のロシアの条件に、北サハリンにおける日本の石炭・石油採掘権の放棄という項目があった。

　つまりこの時、北サハリンに石炭石油採掘について日本の権益があった。

　1941年日ソ中立条約を締結した。

　1943年米英ソのヤルタ会談で、ソ連の対日参戦の見返りとして日本の降伏後、南樺太をソ連に返還し、千島列島をソ連に引き渡すとした極東密約が結ばれた。

　1945年8月9日ソ連が1年前の事前通告では1946年4月25日に失効、つまり有効だった日ソ中立条約を一方的に破棄して、宣戦布告し侵略開始し、南樺太、千島列島を不法占拠した。

　当日は長崎に原爆が投下された状況だった。

　8月14日、米英中ソにポツダム宣言受諾を通告。

　8月16日にソ連が南樺太に侵攻。

　8月18日ソ連の千島列島への侵攻と占領を開始した。

　8月28日から9月1日までに、ソ連軍は北方領土の択捉、国後、色丹島を占領した。

　9月2日に東京湾上のアメリカ戦艦ミズーリ号の甲板において日本側が連合国と降伏文書を締結し、停戦となった。

　その後停戦したにもかかわらず、9月3日から5日にかけて

ソ連軍が歯舞群島を占領した。

つまり少なくとも歯舞群島は、正式な停戦後に占領された。

1951年、日本はサンフランシスコ平和条約により南樺太、千島列島を放棄したが、ソ連は締結に加わらず、また引き渡し先は未記載だった。

国際法上は南樺太、千島列島の領有権の帰属先は未定のままだ。

北方4島は多くの日本人が住んでいた上に、1945年8月28日～9月5日のソ連の日ソ中立条約違反による対日参戦、北方4島編入まで一回も外国の領土となっていない。

当時、日本人は北方4島に1万7000人住んでいた。

したがって、日本政府は、サンフランシスコ平和条約に言う千島列島の中に国後、択捉は含まれず、また、歯舞諸島は北海道の一部を構成する属島としている。

ロシアでは、色丹歯舞を合わせて小クリル列島、占守島から国後島までを大クリル列島、両方を合わせてクリル列島と呼んでいる。

1956年日ソ間の外交関係が回復後に、歯舞色丹2島を返還する日ソ共同宣言を批准した。

1960年日米安保条約にソ連が反発し、2島返還は両国間の友好関係に基づいたソ連領である同地域の引き渡しだとした。

引き渡し条件に、日本からの外国軍隊（米軍）の撤退を付けた。

日本政府は共同宣言調印時にすでに日米安保条約があったとして反論した。

1972年北方領土問題の国際司法裁判所への付託を提案したが、ソ連が拒否した。

1993年細川首相とエリツィン大統領の会談で北方4島名を

列挙し、その帰属に関する問題を解決した上で平和条約を早期に締結する日ロ共同文書が発表された（東京宣言）。

　2020年ロシア領土の割譲の禁止が記載された憲法改正の施行に伴い、北方領土の交渉は事実上完全無効化した。

　日ソ中立条約を一方的に破棄し、南樺太及び千島列島に侵攻したソ連（後継国ロシア）は、完全な正当性があるわけではない。当時の国際情勢で、現在の状況が既成事実化されているだけとも言える。

　日本は南樺太、千島列島のロシア支配に対して国際法上有効か否かを問い続けるべきだ。

　そして、国際法にのっとり南樺太、千島列島の帰属を明確にするように働きかけるべきだ。

　しかし、ロシアや中国のように世界的な政治大国で領土拡張を基本としている国が、自国の領土を何もなく返すことは望めない。

　ましてアメリカと対立しているロシアは、返還された日本領にアメリカ軍が駐屯する可能性を考えると、日本に北方領土を一部でも返還することはほぼないと考えられる。

　ここでも日本のアメリカ追従、自主国防力・独自外交の欠如がネックとなっている。

　日米安保条約が日本の国益か否かをよく考えるべきだ。

　多くの日本人はアメリカに守られていると考えているが、アメリカ軍の日本駐屯による日本の管制権の制限や日本の司法が及ばないなどの問題がある。

　日本の中ロとの対立の1つの原因ともなっている。

　ロシアや中国はアメリカと覇権を競っており、それ自体が日本のように大国ではない国にとっては、紛争の原因となり迷惑

な話だ。

　日本が直接中ロと軍事的な衝突になるとは考えづらく、むしろ米中ロの対立に巻き込まれる可能性の方がある。

　今の日本はアメリカの子分であり、中ロは日本を、アメリカを通してしか見ておらず、そもそも交渉相手と見ていない。

　また、将来、米と中ロが手を組み、日本が孤立することがないとは言えない。

　今まで述べたように、核保有、中立国となれば、日本は自決できる完全な独立国として国際的な交渉のテーブルにつける。

　ロシアとの交渉に臨めば、北方領土、千島列島、樺太は日ロ両国にとって共同開発利用の道が開け、今より有益な結果へと導くことができる可能性が増す。

　そうすると、今まで日本の様々な交流ルートは、主としてアメリカや、中国、朝鮮半島、東南アジアなどのアジア諸国であったのが、新たにロシアからユーラシア大陸、ヨーロッパに陸続きの道がつながる。

　日本にとって、北方に政治的、経済的、文化的に交流の可能性が広がり、鉄道や道路、パイプライン、観光、文化交流などのルートが開ける。日本の選択の可能性が広がる。

　この地域に何とか日本の権益を確立し、例えば日本からロンドンへの鉄道や道路建設を目指し、日ロ両国にとって有益な発展の地域としたい。ちなみに、樺太とユーラシア大陸の間の間宮海峡は、最狭部の幅は7.3kmであり、トンネルでつなぐことは技術的には可能と思われる。

2.　樺太から九州までの国土利用

　以上、日本の領土について述べてきたことをまとめる。

　周囲国との領土紛争の問題はあるが、そもそも日本の周りを地図で見ると、海に囲まれ近隣には西に中国、朝鮮半島、南に台湾、東南アジア、オーストラリアなどのオセアニア、東は太平洋をまたいでアメリカ大陸、北に政治および軍事大国のロシアがある。

　日本はこれら4方の中では、歴史的に北のロシアとの交流が少なかった。

　もともと寒すぎて人があまりおらず、ほかの3方向に比べて優先順位が低い領域だった。

　政治的に東西冷戦の頃はロシアと疎遠であり、残念ながら今の状況になったと言える。

　しかしロシアは、政治的、軍事的な大国であり、その領土・領海は、水産、鉱物、観光資源が豊富な地域でもある。

　ロシアの向こうにはオホーツク海、カムチャッカ半島、ベーリング海、中近東、ヨーロッパ、北極圏、アフリカが広がる。

　日本にとって、本来大きな可能性のあるルートなのだ。

　ここをおろそかにするのはもったいない。

　領土的には北海道とほぼ同じ面積を持つ樺太がその懸け橋となる。

　ここをロシアと共同開発できればお互いに大きなメリットとなる。

　日本との交流が深い隣国である中国、朝鮮半島、東南アジア、アメリカなどに、さらにロシアが加われば、あらゆる分野

で大きく選択肢が広がる。

とはいっても歴史的にも現状でも、ロシアという国は交渉を行うのはなかなか難しい国で、今のところ話がうまく進みそうな状況にはない。

日本の周辺の列島は、北は樺太、南は台湾まで弧状に連なっているが、大きな島は日本列島4島以外では樺太と台湾である。

台湾は歴史的に見ても日本の領土とは言えない。

樺太は過疎の島で、日本人、ロシア人などの混住地域だった。

間宮林蔵が間宮海峡を初めて明らかにしたことからも、また戦争などで植民地としたわけでもなく、歴史的にも日本の固有の領土になりえる。

本来、この台湾以外の5島が日本の領土ならば、陸地が比較的少ない日本にとって、小さな諸島と海の地域よりも開発効率は良くなる。

また上記のように、北の文化圏とのアクセスが容易になる。

日本の立場で考えると、世界の大国であるアメリカ、中国、ロシアの3か国が密接な隣人となるのは良いことだ。

第2章2.「国、市の2段階の統治機構」の項でも書いたが、樺太、北方4島、得撫島を日本の領土にすることは超難題なのはわかっている。

あのロシアが応じることは考えられないかもしれない。

ロシアは寒い国だ。不凍港はなるべく欲しいはずだ。

樺太周辺は不凍港ではないが、現在アメリカ領のアリューシャン列島とベーリング海は不凍港が多く、水産資源なども豊

富だ。

　また、日本が樺太を領土とするには、現在の交換領土としては九州南部の諸島群しかない。

　もちろん、ここに住んでいる人たちからすると、このような提案をすること自体がとんでもない話で、怒るのはわかっている。

　しかし、国として、ここに住んでいる人々の新国土への移転のためのあらゆる経済的、社会的補償を法的に行うことで、既述の国策の大局から、難しいとは思うが、何とか理解を得たい。

　本当に申し訳なく、怒りは収まらないとは思うが、何とか実現を目指したい。

　日本とロシアが直接、樺太と沖縄などとを交換するのは難しい。

　沖縄には米軍基地があり、日本の南北がロシアに挟まれると国防上リスクがある。

　日本列島からアメリカの影響が少なくなり、日本にとって中国、ロシアへの牽制が弱くなる。

　また、中国の東北部（黒竜江省の一部）をロシアに、沖縄周囲を中国にという日中ロでの3国交換も難しい。

　日本の南が中国の海となり中国の影響が強くなりすぎ、台湾の存在が脅かされる。さらに、やはり米軍基地との関係で不可能だ。

　よって、すべての案がかなり難しいが、その中でも日本、ロシア、アメリカの3か国による下記の領土交換が、一番可能性があるのではないかと考える。

●ロシア→日本

　　樺太、北方4島、得撫島とオホーツク海の南部

●日本→アメリカ

　　石垣島、西表島、尖閣諸島の3島以外の北緯29度以南
（吐噶喇列島、奄美群島、沖縄諸島、大東諸島、小笠原諸島、
沖ノ鳥島、南鳥島と西太平洋の一部）

●アメリカ→ロシア

　　アリューシャン列島とベーリング海の大部分

　さらに、いつまでたっても友好関係が築けない朝鮮半島と
も、中国を入れた4国間で領土問題を一気に解決したい。

　中朝間では北朝鮮の北側に朝鮮族の聖地といわれている白頭
山の領有問題があり、これを入れた計4か国での交渉を考えた
い。

　この領土交換に韓国以外に北朝鮮も関与させ、日韓朝の3か
国間の領土問題について根本的な解決を試みたい。

　韓国のみならず、北朝鮮を入れた交渉で将来の日朝間の禍根
も取り除いておきたい。

　日韓関係の次に別個に日朝関係を改善するというのでは、今
の日韓関係と同じような交渉をもう一回しなくてはならない。

　それでは今までのような膨大な時間を要し、問題を長期化さ
せる。

　したがって、可能ならば下記のような領土交換で日韓朝の3
か国の関係改善を一気に図りたい。

　これだけお互いに対して感情的になり、こじれた関係となっ
てしまった韓国とは、大胆な領土交換を実現するくらいのドラ
スティックなことがないと、今のお互いに対する負の感情とわ
だかまりをなくして真の友好を結ぶのは難しい。

　そこで実現不可能で難しいと思われるかもしれないが、前述

の周囲3国との領土紛争について、下記を提案したい。

- 韓国→日本
  済州島
- 日本→韓国
  竹島
- 日本→中国
  宮古島以外の先島諸島（石垣島、西表島、尖閣諸島）
- 中国→韓国（北朝鮮）
  白頭山を含む北朝鮮北方

　以上により、日本の領土は、北は樺太から南は屋久島の南の鹿児島県の宝島までとなる。

　この時、首都は前述のようにこの新国土の真ん中あたりの今の奥州市あたり（新首都名正光都）とする。

　これが実現すれば、すべての領土問題が解決する。

　日本は米中ロの3大国が隣国となり、かつ中立国となれば、周囲の大国である米中ロ、日本にとって安定した地域が築ける。

　仮にこれらの国と合意しても、次にそれ以上の難問がある。

　沖縄、鹿児島などの国民の日本の新領土内への移住などの大きな問題だ。

　すべての日本国民は日本の新国土内に住んでほしい。

　移住先として気候的に九州や四国（と、ほかに交換できたら済州島も）そのほか希望する地域を可能な限り自由に選んでもらうとしても、先祖から長らく住んできた土地に対する愛着とそれぞれのコミュニティーがあるため実現には大変な困難がある。

　もちろん国の責任で、納得が何とか得られるように場所の選定、資金提供などのすべてを行うとしても、当然このことが領土問題での一番の難問となる。

　現時点では大きな問題、課題があり、現実味が乏しいのかもしれない。

　しかしこのような領土に関する戦略的な構想を考え提案することは、日本の様々な分野の可能性をダイナミックに広げる。

　実現すると、日本の未来の礎となり、より豊かな生活の選択肢が大きく広がる。

3. 外国人土地保有の禁止

　日本は国土の半分が地籍調査未了で、このような国はほかにないと言われている。

　しかも外国人は自由に土地に関する権利の取得が認められている。

　外資による土地買収は、2011年の財務省の調査では平成19～22年度で3700ha（約6km四方）だった。

　しかし実際には日本法人をダミーにするケースや、未届けのケースが山ほどあり、実際にはこれよりはるかに多いと言われている。

　特に北海道、長野、大阪、対馬などや島嶼部の一部で増えている。

　日本が土地所有で法的な差別を受けている国の国籍を持つ者に対し、自由な土地所有を認めるのは外国人の不当な優遇であり、日本人の権利の不当な侵害差別ともいえる。

　WTOなどでは外国人の土地取得制限に対して消極的で、日本人に対して土地取得を制限していない国の外国人に対しては制限を加えないことが適当だという意見がある。

　日本と同様に土地の所有権を得ることができる国は、米国、ニュージーランド、フランス、ドイツ、英国、アイルランド、イタリア、スペイン、オーストラリア、ニュージーランド、韓国、マレーシア、バングラディシュ、ネパール、インドなどである。

　一方、土地所有できないのは中国、ロシア、タイ、インドネシア、フィリピン、カンボジア、ベトナム、ブルネイ、ミャン

マー、モンゴルなどだ。

　現在、外資の土地買収調査法案が検討されている。

　ただし、規制区域が防衛関係施設、重要インフラ施設、国境
離島などの周囲1キロメートル以内が検討されている。

　アメリカでは100マイル（160キロメートル）が規制区域な
ので、これに比べて日本は甘い。

　さらに防衛施設周囲や国境離島などの特別注視区域の土地売
買にかかる事前届け出が認められるか否かが議論となってい
て、認められないと、この法案は骨抜きになってしまう。

　また、森林、農地、リゾート用地などは対象にされていな
い。

　規制内容もどのような利用形態が不適切とされるのかが明確
でない。

　少なくとも日本人に土地所有を認めていない中国のような国
の外国人に対しては日本の土地の所有権を、全面的に認めない
法律があるのが妥当だ。

第5章
日本の移民政策

　日本の移民（永住者、定住者）は2019年で約250万人おり、世界26位だ。

　先進国では、アメリカ5066万人、ドイツ1313万人、イギリス955万人、フランス833万人、カナダ796万人、イタリア627万人、スペイン610万人、スイス257万人、オランダ228万人、スウェーデン200万人となっている。

　多くの先進国が人口比10％くらいの移民であるのに対し、日本は2％くらいと少ない。

　ちなみに3か月以上の滞在者数は、留学生、外国人技能実習生（最長5年）などで、ドイツ138万人、アメリカ110万人、スペイン55万人、日本51万人で4位だ。

　外国人が日本で住むには在留資格が必要で、全部で29種類ある。

　永住者130万人、技能実習26万人、特別永住、技術・人文知識・国際業務、留学、定住者、家族滞在、日本人の配偶者の順に多い。

　移民と滞在者を合わせた在留外国人は、中国約80万人、韓国約50万人、ベトナム約40万人、フィリピン約30万人、ブラジル約20万人の順だ。

　日本は2018年に首相が「専門、技術分野の外国人は積極的に入れるが、国民の人口の一定程度を期限なく受け入れることはしない」と国会答弁している。

　実はホワイトカラーについては、日本はアメリカよりもはる

かに受け入れている。

　日本や海外の大学を卒業した外国人は、日本でほぼ問題なく就労ビザが発行される。

　しかし、日本で働いている130万人の外国人のうち、高度プロフェッショナルのカテゴリーに入る人は24万人に過ぎない。

　大卒以外の外国人労働者の雇用を原則として認めていないため、外国人技能実習生という名目で一般労働者として働いている。

　つまり、技能実習制度で、なし崩し的に外国人一般労働者が増えている。

　そこで2018年、出入国管理法を改正し、特定技能制度を新設した。

　それまでの技能実習は受け入れ先が中小零細企業で、転職が原則禁止だ。劣悪な労働環境に置かれるなど人権上の問題も指摘されている。

　これに対し、特定技能は同一の業務で転職が可能で受け入れの手続きも単純化された。

　最長5年間の期限で家族帯同が許されない1号と、在留資格の更新回数に制限がなく定年まで働け、家族も帯同できる2号に分けられた。

　ただ、2号は建設業と造船・船用工業の2業種に限られていて、高難度の技能試験がある。

　在留資格を取り、日本で10年間継続して働けば永住権を得る資格を申請することができる。

　アメリカは移民が2017年で4440万人、13.6％おり、そのうち1050万人が不法移民だと言われている。

　EUは、高度な専門性を有する外国人は積極的に受け入れているが、一般移民については規制がある。

　ドイツは積極的で、年間100万人の移民が流入し、移民排斥などの政治的混乱が生じ、2018年に規制を強化した。

　高学歴移民を積極的に受け入れ、税金と社会保険料をきちんと払う外国人を歓迎している。

　ドイツ語、文化、歴史、地理に関するテストに合格すれは、帰化手続きも簡単で、5人に1人が元外国人だ。

　日本は2つの理由で移民を受け入れるべきだ。

　1つは、多様性のある国になるためだ。

　世界中の多種の民族、文化出身の住民が日本に増えれば、様々な可能性が広がる。

　2つ目は、日本の労働力不足を補うためだ。

　機械化、AI化などにより、今よりも労働力が少なくても生産性を維持発展させる努力をするべきだとしても、やはり労働力を外国人労働者で補うことは必要なのだろう。

　移民は、ただ働くだけで社会から孤立している人よりも、いろいろなことを学び、知識があり、考えられ、行動でき、周りと協力し、高めあえる人の方が望ましい。

　その点から一般的には、単純労働者よりも、高学歴、高技能者の方が望ましい。

　さらに、今のように移民が中国のような特定の国から突出して来ているよりも、世界中の様々な文化の国から多様に来る方が、より日本が刺激され可能性が増していく。

　以上より、移民の受け入れには次の2種類で考える。

　まず、ドイツのように、高学歴で、税金と社会保険料をきち

んと払う外国人は、基本的に無制限にもっと積極的に受け入れる。

　次に、労働力と多様性という点で、世界の文化、人種比率に合わせて受け入れる。

　例えば、世界は、アジア人57％、ヨーロッパ人21％、南北アメリカ人14％、アフリカ人8％で、人種別だと、有色人種70％、白人30％。女性52％、男性48％だ。

　これに合わせて移民を受け入れ、各国の受け入れ人数配分などを決めて多様性を持たせる。

　上記の条件を満たせば、帰化手続きも簡易化する。

　現在2％の元外国人を、ドイツの20％とまではいかないまでも、ほかの先進国のように10％、つまり今の250万人から1250万人くらい、5倍に増やしてもいいのではないかと考える。

第2部

公平で合理的なソフト

　前項までで、国のカタチ、構成についてあるべき姿を提案してきた。

　いわば国のハード（骨格）はどうあるべきかという話だった。

　ハードが決まった次は、人々がどのような社会のソフト（システム・運用）で住むべきか。つまり社会の原則やルールはどうあるべきかが重要になる。

　この世に生まれたからには、すべての人はなるべく同じ条件で平等なスタートに立つべきだ（平等なスタート）。

　自由で公平な条件で競争をして、その努力が報われるべきだ（自由で公平な競争）。

　力及ばず競争に敗れ夢かなわなかった時には、最低限、人間的な生活が保障された環境で生活できるべきだ（セーフティーネット）。

　平等なスタート、自由で公平な競争、セーフティーネットという基本的な3つの考えに基づき、あるべき社会の仕組みについて述べていく。

　まず、平等なスタートについて。

　資産家や社会的権力のある家に生まれた子供が生まれた時から優位にあり、そうでない子供は逆にハンデがあるというのは個人の能力とは関係なく、できるだけ是正されなくてはならない。

　出生環境により人生が左右されるのでは、不公平、不条理だ。

　生まれた時の人間関係、環境、経済的な点で優位な条件や、逆に不利な条件は極力あってはならない。

　自分の能力や努力以外の要素で人生が左右される世の中は、

なるべくあってはならない。

　今の日本は、政治家など様々な職業や地位で世襲が多くみられ、社会が硬直化した印象がある。

　生まれた家の資産や、都会や田舎の地域間での教育、インフラなどの環境で格差がある。

　結果として個人ではどうしようもないハンデとなる。

　その結果、国民に頑張れば報われるという希望と活気が失われている部分がある。

　社会的な流動性が少ない分野があり、それが少なからず夢を持てずにあきらめ、頑張るモチベーションを下げて閉塞感を生んでいる。

　また、セーフティーネットが複雑で、結果的に活用できる受益者の選択と集中が行われ、網羅的ではないために、不透明感があり公平性に疑問を持つ原因になっている。

　複雑さゆえにどんな仕組みになっているかわかりづらく、役所や専門家に聞かなくてはならないという運用上の非効率さにもつながっている。

　社会の仕組みは、わかりやすく公平に、多くの人が納得できるものでなくてはならない。

　単純明快、公平な制度の下で、能力があり、努力をした人が報われるという世の中にしなくてはならない。

　そうでなければ、個人の幸せを達成すべき努力の方向がわからず、運に左右される要素が多くなってしまう。

　個人の努力は報われず、適材適所とはならず、社会全体のレベルアップにもならない。

　第1部で述べた社会の安心なハードが整ったら、次に公平で合理的なソフト（システム）を構築することを考えなくては、社会はうまく機能しない。

第1章
個人の尊重

　平等なスタートを切るためにはどうしたらいいのか。

　家族を含めた生まれた時点の周りの環境で人生が左右されるのは不公平だ。

　生まれ持っての各々の能力差、才能というのはどうしてもあり、それは是正できない。

　それは仕方のないことなので、ここでは論じない。

　しかし、人生の成果は、チャンスは公平に与えられ、その上で、本人の能力と努力によるべきだ。

　そのためには、なるべく公平な機会と環境を整える必要がある。

　家族単位、つまり家主がいてそのほかはそれに所属しているかのような、また、扶養者と被扶養者のような考えを基本とした戸籍制度はなくすべきだ。

　どのような家に生まれ、どのような家族を持とうが、基本的には各個人の自由と権利が尊重されるべきだ。

1. 個人の尊重。
戸籍からマイナンバー制度へ

　日本は個人単位というよりも、家族単位の文化と制度が強い。

　基本的に父親が戸籍筆頭者や住民票での世帯主となり、それに家族が連なっているという管理単位、文化を持っている。

　これを制度化しているのが戸籍だ。

　戸籍があるために、日本は両親がそろっていないと結婚や就職などで不平等な扱いを受けるということもあった。

　また、結婚や養子縁組などにより戸籍を抜けたり作ったり新しいところに入ったりと、家（戸）単位で管理され、法体系が構築されている部分がある。

　役所の実務上、住民登録（住民票）との重複業務となっている非効率性もある。

　子は親を選べず、本来親の財力や地位で子の将来が大きく左右されるのは不公平だ。

　いわゆる扶養制度のように実質的な家長がいて、家族は家長によって結婚、金銭的な自由、財産権が左右されるということをなるべく避け、自らの意思で人生の選択をし、その結果を自分で受け止め、また責任を取るという社会規範にしなくてはならない。

　つまり社会の基本は家（戸）ではなく個人であるべきだ。

　戸籍がある国は、かつては東アジアの広い地域にあったが、21世紀の現在、世界中でも日本、中国、台湾の3か国だけだ。

　しかも中国、台湾では形骸化しており、事実上日本だけである。

　江戸時代は、住民把握のための人別帳は血縁家族以外に遠縁の者や使用人なども包括した家単位で編纂されていた。今のような戸単位ではなかった。

　明治時代以降、中央集権国家体制のために家単位ではなく戸単位として国民を把握できるように編纂し直された。

　家単位の封建的体制からは若干改善されたものの、それでも戸単位で残った。

　今でも個人単位ではないため、婚外子、選択的夫婦別姓、性同一障害などで、個人を制約する部分、つまり個人を尊重できない部分が残った。

　また、戸籍制度は被差別部落問題が付きまとい、理不尽な差別が残っている理由の1つともなっている。

　個人管理ではなく戸別管理のため、当然こういった問題が残る。

　ちなみに戸籍が所属する場所である本籍地という概念は、マイナンバー等があっても、必要なのだろうか。本籍地は国内ならどこでもよく、変更も自由であるものの、変更歴が残り、追跡できる可能性は残る。

　日本では、婚外子は2.1％存在するが、これは事実婚が社会的に広く浸透しているヨーロッパで約半数を占めるのに比べ、かなり少ない。

　婚外子は世界では、チリ72％、アイスランド69％、メキシコ67％、フランス60％、スウェーデン55％、イギリス47％、アメリカ40％、オーストラリア34％、カナダ34％、イタリア31％、イスラエル7％、韓国1.9％などである。

　日本でも一応婚外子と嫡出子の法律上の差別はない。

　認知されれば戸籍の父親欄に名前が掲載され、養育費、相続権も嫡出子と同等になる。

　平成16年以前は嫡出子には長男、長女、婚外子には男、女と記載に違いがあったが、今は同等に長女、長男などと記載されるようになっている。

　以前、非嫡出子の相続は嫡出子の2分の1とされていたが今は同等となっている。

　こと戸籍における婚外子問題については法的にはほとんどが解決されたと言える。

　しかし、もともと戸籍自体必要がないものだ。

　なぜ日本はいつまでも戸籍にこだわるのか。

　戸籍筆頭者となる立場が多い年配の男がいまだに日本を主導しているからなのだろうか。

　現行制度では、外国人と結婚しない限り夫婦別姓が不可能で、苗字を変えた人は、結婚前まで使い続けていた名字が公的証明で通用しないなどの問題がある。

　これも個人ではなく、戸ごとに管理されていることの弊害だ。

　性同一障害者は、本来の性と戸籍上の性が異なるため、日常生活で提出する書類などでトラブルになることがある。

　ただこれは性同一性障害特例法ができて徐々に解消されている。

　上記のように、戸籍制度には個人の尊重という点で欠点がある。

　一方、今の日本では戸籍は、相続人特定や親族の身分関係を証明する唯一の手段であり、相続制度の根拠資料となってい

る。

今は婚姻をしない事実婚の場合、法的に、つまり戸籍上は婚姻とならないため、法的問題、日常生活上の不都合など様々な問題が指摘されている。

子がいる場合には戸籍上非嫡出子（婚外子）として扱われ、片方の親のみの単独親権となり、父母が共同で親権を行うことができない。

相続の際の法定相続権、遺留分、配偶者控除、相続税の基礎控除や優遇措置、居住用不動産の贈与についての特例などが認められない問題、成年後見の問題、入院時などの家族関係の証明の問題、税法上や日常生活上の様々な不利益の問題、海外赴任時の配偶者ビザの問題などもあると言われている。

しかしマイナンバーの個人番号を、例えば生年月日＋通し番号＋男女とし、通し番号に両親の番号を入れるなどの工夫をすればこれも解決する。

つまり戸籍をなくしても、マイナンバーの付与方法を工夫すれば、婚姻をした人と例えば事実婚などで結婚しなかった人とで差が生じなくなる。

被差別部落の出自も戸籍から判明することがあるだろう。

この問題に長く携わっている人からすると、私が考えるほどシンプルな問題ではないのかもしれないが、戸籍制度や本籍地という概念がなくなれば、多くの場合で解決することが可能なのではないかと愚考する。

戸籍がなくなると本当に差別がなくなるかは、例えばインドは戸籍がないのにカースト制度による身分差別が残ることに疑問が生じるだろう。

インドではその土地に昔から皆が住んでいるからわかるよう

で、ほかの地域のことはわからないらしい。

　あとは、姓や職業、服の着方や言葉や習慣などでわかるそうだが、現代では人の移動も多くなり、わからなくなってきているようだ。

　したがって、日本でも戸籍がなくなれば被差別部落問題も将来的には解決していくのではないかと思う。

　個人の尊重と自由のために家族単位の戸籍制度を廃止し、マイナンバーのような個人IDの徹底を提案したい。

　個人を社会単位とし、戸ごとの管理をなくす。

　また、家族の名のもとに戸籍筆頭者等以外の家族内弱者となりうる人たちが自由に生きる環境を整えることが必要であると考える。

　実際、世界でも日本以外の国は、戸籍がなくても何の不自由もなく社会活動が行われている。

2. 選択的夫婦別姓、自分（たち）で 姓を創る、あるいは姓をなくす

　世界的には、法律的に夫婦別姓が認められている国が圧倒的に多い。

　過去にはドイツ、オーストリア、スイス、トルコ、タイなどが夫婦同姓だったが、法務省によると現在法律（民法750条）により夫婦同姓となっているのは日本のみだ。

　しかも日本では、妻の姓を選ぶ夫婦は4％。これは戸における男性優位を端的に表している数字で異常なことだ。

　差別的であると、国際連合の女子差別撤廃委員会からも是正勧告を受けている。

　本来、こんなことは国連に言われるまでもなく自分たちで解決すべき問題だ。

　日本でも歴史的にずっと夫婦同姓だったわけではない。

　平安時代までは通い婚と結婚の境が明確ではなかった。

　ざっくりというと、平安時代初期は別姓、後期は同姓だったと言われている。

　鎌倉から戦国時代までは、家父長制の成立に伴い女性の地位が低下してきて妻が夫の家に嫁入りするようになり、この習慣は武士から始まって徐々に社会全体へと広がった。

　江戸時代には、平民には基本的に苗字の使用は認められなかった。

　武士階級では妻はよそ者という概念があり、武家の女性は結婚後も実家の姓を名乗り夫婦別姓だった。

　幕府は上下の秩序を守るため家を基礎とし、女性は父、夫、息子に従うようにした。

　明治3年、平民に氏の使用が許された。

　明治8年、氏の使用が義務化された。兵籍作成のためだったとも言われている。

　明治9年、妻の氏は実家の氏を用いることとされた（夫婦別氏制）。

　明治31年、夫婦同氏制となり、これ以降、現在まで同姓が定着した。

　つまり現在の夫婦同姓はわずか120年あまりの歴史ということになる。

　国民の意識としては、1976年の総理府調査で夫婦別姓に賛成が20.3％、反対が62.1％だった。

　1984年、戸籍法改正で外国人との結婚の場合は選択的夫婦別姓が認められた。

　1989年、夫婦別姓訴訟で別姓が認められなかった。

　1996年、婚外子の相続差別が廃止となった。

　2017年、内閣府の調査で夫婦別姓に賛成が42.5％、反対が29.3％で、若い人ほど賛成が多く、40歳以下では賛成が50％を超え、60歳代までは賛成が反対を上回った。

　今では夫婦別姓が肯定的な世論となっている。

　一方、政界は、自民党、維新の会（旧姓にも一般的な法的効力を、とは言っている）は反対、その他は賛成が多いようだ。

　マスコミは割れている。

　朝日新聞、毎日新聞、日本経済新聞、沖縄タイムズの各紙が賛成、読売新聞は国民的議論が必要、産経新聞が家族の絆を壊す、と反対している。

　その他、日本弁護士会は賛成、日本会議、新しい歴史教科書を作る会、統一教会、幸福の科学などの宗教団体が反対となっている。

　世論は賛成が多いが、一般的に左派と言われているマスコミや平等の法概念が強い日本弁護士会は賛成、一般的に中道、右派と言われているマスコミや、家族単位での入信があり、教祖と信者という縦関係がある宗教団体に反対が多いという傾向がある。

　現状の日本を肯定的にとらえ、満足している人々は変えない方を選び、変化を求める人々は別姓に賛成しているとも言えるだろうか。

　私は、個人尊重の立場から当然選択的夫婦別姓に賛成したい。

　本来、マイナンバーで個人を識別すれば、姓さえもいらず、社会生活の利便上、必要最低限の名前だけでもいいと思っている。

　しかし現在でもいまだに夫婦同姓がいい、あるいは姓が必要という人が一定人数いる以上、"選択的"夫婦別姓に過渡期として賛成する。

　夫婦同姓は、夫婦、家族が一体感を持って生きたいという人などには、何ら問題がない。

　むしろ同姓がいいのだろう。

　そういった人たちは今後も夫婦同姓でよい。当人たちがそれで幸せというのならばそうすればよい。

　しかしある個人が、家族も大事だが、結婚前の姓で仕事をしたいとか、自分の育ってきた姓に対する思いや交友関係の点から、あるいは平等の観点から、そもそも苗字を変えることに疑

問があり、婚前の姓を変えたくないというのであれば、その意見も尊重されるべきだ。

つまり各個人がどちらにするかを自分で選択できるべきであり、別姓や同姓のどちらかを国が法律で強要すべきではない。

夫婦別姓か同姓かを選べる "選択的" 夫婦別姓が望ましい。

結婚時に、夫婦同姓、別姓を選べるのはもちろん、途中で変えることもできるようにする方が、より自由度が高くなる。

子供ができたら、子の姓を出生時にどちらかに決め、成人時に本人の意思で変えられるようにすることもありえる。

もっと考えを進めて結婚時や子の誕生時に全く新しい姓を、夫婦あるいは個人で創り出すのもいいのではないか。

マイナンバーで両親などの親族関係がわかるようになっていれば、姓は何でもいいのではないか。

あるいはもっと進んで、前述したように姓そのものを廃止してもいいかもしれない。

つまり、マイナンバーと名前だけでいいのかもしれない。

実際、江戸時代の庶民は名前だけだった。

ただSNSが発達し、交友関係も広がった現代では、名前だけだと知人に同じ呼び名が多くなり、お互いの区別に不便となるかもしれないので、姓は残した方が実生活上は便利なのかもしれない。

ただ私個人は、最終的には個人ナンバーで法的な識別を行い、社会生活上の呼び名として名前のみを残すというのが個人を最も尊重した仕組みなのではないかと考える。

生まれてから、自立するには未熟と思われる時期を経て成人になるまでの期間は、家族や社会の庇護、権利の制限がある程

度は必要だろう。

　それ以降は基本的に自分の能力で自由に、しかし責任はしっかりと取って生きていけばよい。

　例えば今の年金保険制度なども、家族単位ではなく、個人ごとの年金保険制度でよい。後述するマイナンバー制度も同様だ。

　もちろん、家族同姓で一体感を持ち、生活していきたいという人は同姓にすればよい。

　それが"選択的"夫婦別姓なのだ。

3.　同性婚の合法化

　個人の尊重と言っても、1人きりで人生を送る人はやはり少数派で、多くの人は人生のパートナーを必要としている。

　その多くは異性をパートナーとして選び、夫や妻、あるいは恋人としている。

　しかし同性をパートナーとして選び、中には絆のあかしとして社会的、法的に異性同士の夫婦と同じように夫婦となりたい人々もいるだろう。

　それが幸せならばそれが当たり前となる社会になるべきだ。

　異性のみの結婚しか認められないとしたら、例えば異性が好きで異性をパートナーとしたい人が、同性のみの結婚しか認められない社会に住むのは耐えられないのと同じ感情なのではないか。

　多数派がそれを当たり前として、少数派の価値観を持つ人生の選択が認められないような、個人が尊重されない世の中であってはならない。

　個人が自由に、より幸福な人生を選択でき、個人の尊重が当然となる世の中になるべきだ。

　そういった世の中が普通で空気のようにならなくては、この世に生まれてきて幸せになれない人が存在することになってしまう。

　そういったことは法的にできるだけ保障されなくてはならない。

　同性婚の権利は、異性婚の権利と同等に認められるのが当然だ。

　同性婚を認めたとして誰も不利にならず、幸せになる人が増えるだけだ。

　法律婚ではなく、事実婚や同性カップルでいいのではと思う人もいるかもしれない。
　しかし事実婚ではだめな理由は、法律婚に比べ認められない点があるからだ。
　事実婚では、相続、配偶者控除、配偶者ビザなどの法的権利の制約がある。
　さらに事実婚で認められても、同性カップルでは認められないことがある。
　夫婦としての社会的認知、パートナーの遺子の親権などがそれにあたる。
　また、登録パートナーシップは、法的に同性婚を異性婚と同等に扱うという効力はなく、自治体や一般企業のサービス（携帯会社の家族割制度や保険会社の配偶者適用）などが受けられるようになるだけであり、十分ではない。
　つまり、これらの権利が法的、社会的に認められるためには、同性による法律婚（同性婚）が認められるべきなのだ。

　世界的には、同性婚は多くの国で認められている。
　2020年5月現在で、ヨーロッパ、北中南米、台湾、オーストラリア、ニュージーランド、南アフリカの28か国で認められている。
　日本は個人の尊重、平等、自由、優しさを社会の哲学とし、すべての人が他人に迷惑をかけない限り、精いっぱい思いっきり生きていける国にならなくてはならない。
　同性婚は、その基本哲学から、当然認められるべきだ。

　もっと話を進めると、今まで述べてきたように戸籍をなくして、マイナンバーのみとして、婚姻という概念そのものを必須のものとしない世の中を目指すべきだ（そうなると、出生率もフランスのように上がっていくであろう）。

4. 出産時の社会的不公平の是正

　出産は人生で一番大事なことの1つで、たいていのことよりも優先されるべきだ。

　社会的に、特に仕事上、不公平、不平等、不利益を受けてはならない。

　子育て後の職場復帰は、各人の能力を加味することは必要だが、基本的に同時期のその組織のその他の同僚と昇給、昇進で同じ扱いを受けるべきだ。

　その出産時期にその他の人たちは働いていたのだから、その分は考慮されないと悪平等だという意見もあると思う。

　しかし、出産の間、給料をもらえないという少なくとも金銭的な差はついている。

　仕事の経験の差も生じる。それで何とかみんなの賛意を得たい。

　とにかく、出産という個人的にも社会的にも非常に大事なことを安心に行えるように、社会はできる限りのサポートをするべきだ。

　復帰時の給料、地位では差をつけないという社会的なコンセンサスや法律を作らなくては、個人の人生においても社会的にも最重要とも言える出産を安心して行えない。

　出産で社会活動にハンデがあるということがあってはならない。

第2章
公平なスタート

　生まれた時の家庭、地域などによって不公平があっては各個人の能力に応じたパフォーマンスを発揮しづらくなる。

　ただ、子は親を選べないので、完全な公平を社会的に実現することはできない。

　かといって、すべてに公平な機会を与えるために、まさかすべての子供を24時間に近い体制で、国家で平等に育てるというような思想統一的な、ある意味非人道的なことはもちろんするべきではない。

　よってせめて法的になるべく不公平とならないように、公平な人生のスタートを切れるような環境を社会システムとして整えなくてはならない。

1.　公平な教育制度

　この世に生まれてきて、人が生きていく上で教育は一番大事なことの1つだ。

　どんな家、地域に生まれようが、生活し、充実した人生を成就するために必要となる知識、技術、考え方、哲学などを習得するには教育が必要だ。

　この教育を受ける機会に決して差があってはならない。

　すべての人が教育を受けられる機会は同等に与えられなくてはならない。

　各人がその機会を得た時に、努力するかしないかは自由であり、結果として差がつくのはやむを得ない。

　生まれ持っての才能の違いはどうしようもないが、それを各人が最高に生かせるための機会はなるべく均等でなくてはならない。

　この項では、そのための社会的な基盤について述べる。

(1)　24時間託児所

　どの家庭に生まれるかを子供は選べない。

　父親、あるいは母親のみの家庭かもしれない。

　両親ともほとんど家にいない家庭かもしれない。

　両親が面倒を見てくれて勉強に専念でき、あるいは裕福で、学校などの規定の教育以上のものを受ける機会に恵まれた家庭かもしれない。

　このように環境に恵まれた子とそうではない子が、教育の機

会で差がつき、不平等となるのは極力なくさなくてはならない。

　人生を生きていく上で、教育により得る知識や経験は物事を考え、判断し実行していく上で最も大事なものだろう。

　財産がなくても教育をしっかり受ければ人生で大きな支えとなる

　人間には生まれ持っての才能に差はある。

　それ自体不公平なことだが、それを是正する方法は現在ではない。

　その結果として付いた差は、残念ながら受け入れなくてはならない。

　しかし教育を受ける機会は公平でなくてはならない。

　この機会をなるべく平等に与えることは、制度上、社会的システムとしてできるはずだ。

　機会さえ平等なら、やる気があれば何とか教育により知識や技術を身に付け、仕事を得て生活をしていくことが可能となる。

　教育の機会の不平等により、得られる知識や経験に差が出るとしたら、人生が運に左右される部分が多いことになり、それで付いた差は納得できないだろう。

　教育に限らず、生まれ育った環境により機会の不平等があると、社会全体の希望も活力もなくなっていく。

　どんな環境に生まれようが、平等な教育を受ける機会を得るためには、なるべく両親の生活状況、財力などの家庭の事情に左右されない社会的な仕組みが必要になる。

　まずは、国が責任をもって24時間託児所を整備することが

必要だ。

　24時間託児所があれば、子供は放ったらかしにされずに、どんな環境に生まれようが、ある程度の生育的、教育的環境が確保される。

　かつ親は子供を託児所に任せ、必要な時に労働も行える。

　つまり子は親の都合に左右されずに、一定の環境で生育し教育を受けることができ、親も子を心配せずに生活に必要な収入を得るための仕事ができることになる。

　子の面倒を見るために親は仕事を犠牲にすることも、子が放置されることも少なくなる。

　親子の経済的基盤、つまり生活が安定し、子はより良い生活環境が得られ、親子ともに人生に希望を見出せる可能性が広がる。

　現在、24時間の認可保育所は、全国で東京、横浜、大阪などを中心に数か所しかない。

　夜10時くらいまでの夜間保育所もあるが、認可保育所は全国で100に満たず、そこに預けられない場合は、ベビーホテルと呼ばれる認可外保育所が全国に1000か所以上あり、そこに預けることになる。

　認可保育所に比べ、児童1人当たりの保育士が少なく、面積も狭く、必ずしも安全安心ではない施設もあるだろう。

　こういった心配をなくすために、国が主体となり、24時間託児所を全国に整備することが必要だ。

　しかも、それらの利用は基本的に無料あるいは低額であるべきだ。

　それにより、親、子とも、その家庭環境により、幼少時の生育状況、幼児教育、生活に大きな不平等が生じづらくなる。

　後述するように、義務教育は2歳からとすることを考えてい

るため、2歳までは24時間、2歳以降は学校のない時間帯に預かるということになろう。

（2）教育費（すべての授業料、教科書代）の無償化

　次に、出生環境によらず教育の機会を均等にという考えから、生まれてから高等教育まで、すべての学校の教育費の無料化を実現すべきだ。

　現在でも収入が低い場合の無償化などはあるが、無償となるのは義務教育期間の授業料のみだ。学校の納付金（入学金、PTA会費、寄付金など）、修学旅行費、イベント費、図書・学用品、制服代などや、学校外教育費の塾代、家庭教師代、参考書代などは無償化の対象とはならない。

　確かに授業料以外のものはケースにより幅があり、すべてを無償化するということは不公平になる。

　よって収入に関係せず、すべての世帯の授業料や教科書代は無償とし、それ以外は後述する奨学金やベーシックインカムでカバーするべきだと考える。

　現在、幼児教育、保育は、0〜2歳は月の上限額4万2000円、3〜5歳は月上限額3万7000円の範囲内で無償化となっているが、授業料、教科書代はすべて上限を設けずに無償化とすべきだ。

　また、高校も2010年4月から、年収590万円未満の世帯に支給上限39万6000円の無償化がスタートし、さらに年収270万円未満の世帯に教育支援として年間3〜14万円の支給がある。

　しかし、収入の規定や支給額等をどう決めても不公平感が残り、複雑だ。

　授業料、教科書代はすべて上限を設けずに無償化し、それ以外は奨学金やベーシックインカムによりカバーするとした方が、単純明快で公平だ。

（3）国による給付型奨学金制度

　大学に関して、2020年4月から日本学生支援機構（JASSO、独立行政法人、2004年に日本育英会などが合併）の給付型が開始された。

　低収入の住民税非課税世帯｛前年度の合計所得額が、35万円×（本人＋扶養者数）＋42万円以下｝が対象で、年額、国立大学だと自宅生約35万円、自宅外生約80万円、私立大学だと自宅生約46万円、自宅外生約91万円の給付がある。

　これもないよりはもちろん有用なシステムなのだろうが、給付基準が完全に公平とは言えない。

　日本はこの奨学金制度に限らず、現在は年金、税金、福祉すべてにおいて制度が複雑でわかりづらい。

　自分がどの程度受けられるのか、かなり調べて聞かないとわからない。

　結果として、その複雑さ煩雑さにより申請せず、逆によくわかっている人が得をし、その手続きに詳しい人が利益を得ることもあるだろう。

　その複雑さゆえに、より多くの役人が必要になるという非効率的、非経済的な仕組みとなっている。

　制度は、社会的公平性、効率性の点から、単純かつ公平でなくてはならない。

　いろいろな条件を加味しすぎて、より公平性を追求しようとすると、制度が複雑になってしまうことがある。

　結果として利用できる人の選択が行われ、受益する人が偏り、不公平な制度となってしまう。

　制度は大きな部分で最低限の公平性を確保した上で、極力国民にわかりやすく、あまねく受益される方がよい。

　よって教育に関しては、日本においてはすべての授業料、教科書代を無償とし、それ以外はベーシックインカムで補うという制度に統一し、単純かつ公平な仕組みとする。

　すべての人が同じ条件であまねく制度を利用できるようにする。

　授業料無償化と後に述べるベーシックインカムの2つで補えない教育費があるかもしれない。

　例えば教材費、作業着、実験道具、必要消耗品までも授業料としてすべて無料にすることは難しいケースがある。

　教科書以外の参考書、楽器、絵画用品、白衣や聴診器、製図道具などがこれに相当するかもしれない。

　この場合は、国による奨学金制度により救済する必要がある。

　日本では高校生3.5％、大学生16.5％、あわせて学生の9％が奨学金を受けているが、OECD34か国で、大学授業料が有料でかつ公的給付型奨学金がないのは日本だけだ。

　無償教育を進めていないのは世界で日本とマダガスカルだけで、何という日本の教育制度の貧困か。

　教育こそが国の礎という当然の考えで政治判断がなされていない。

　2020年4月から低収入世帯にJASSOによる給付型奨学金制度が始まったが、既述のように完全に公平とはいえず、複雑な制度となっている。

　今まで日本の奨学金は、給付基準に学力もしくは学習意欲の評価を用いてきた。2013年、88％が貸与型で、しかもそのうち有利子が70％の96万人、無利子は38万人だった。

　返還免除は死亡、重度の心身障害の場合のみ。

　返還猶予は生活保護や疾病による就労不可、年収300万円以下の場合で、しかも10年間のみだ。

　返還の延滞は2003年が222万人、2010年は341万人と増えている。

　滞納3か月で個人信用情報機関（ブラックリスト）へ登録され、ローンやクレジットカード審査が通りにくくなる。

　滞納3～9か月の間は債権回収専門会社による取り立てがあり、9か月を超えると法的措置、訴訟となる。

　訴訟件数は、2004年で58件、2012年で6193件もあった。

　教育を受けるというだけで、なぜ国から借金の返済で訴えられ、生活が脅かされなくてはならないのか。

　こんなことは、我が国ではなくさなくてはならない。

　外国の奨学金制度はどうなっているか。

　アメリカは学生の70％が奨学金を受けている。

　事業主が連邦政府であるベル奨学金は、家庭所得が一定額以下の場合、全員に学費の60％まで給付され、奨学金の30％を占める。

　年19万円くらいとなり、給付式で返済不要だ。

　連邦政府が保証人となり、民間金融機関が貸与するスタフォード奨学金制度もある。

　学生の50％が借りており、年96～120万円の貸与型で返済が必要である。有利子と無利子がある。

　以上2つの奨学金制度を補完する貸与式のものとして連邦政

府と大学で行う制度もある。

　大学生、大学院生が対象で年率5%の利子だ。

　以上3つの奨学金制度で、完全な給付型とは言えないが、ほとんどの学生に対応でき、日本よりは学習権が保障されている。

　イギリスは、政府系金融機関が行う。

　受給資格に収入制限がない。全員が受け取れる。学生の半数が学費全額免除で、かつ平均貸与額は約27万円。

　ドイツは家庭収入が一定水準以下の学生は、自動的に法律により奨学金が受給される。平均50〜60万円の給付があり、半額を無利子で返還すればよい。

　オーストラリアは80%の学生が給付を受けている。

　授業料が後払いで、卒業後に自身の所得から税金方式で授業料を返還する。

　返還税率は給料水準によって異なり、失業中は返還を免除される。

　無利子で、一括して返すと25%の割引となる。

　海外の制度も複雑さが残り、完全な仕組みの国は少ないが、それらと比べても日本は奨学金制度が貧困で恩恵を受けている学生が少ない。

　これでは教育を平等に受ける権利が保障されているとは言えない。

　現在の日本は、日本学生支援機構（独立行政法人）が行い、ほとんどが貸与型でしかも有利子である。

　これを、国による奨学金制度（将来のベーシックインカムを抵当とすることも考えられる）とし、なるべく給付型とし、貸与型なら無利子とし、個人が将来働くようになってから返すよ

うにするべきだ。

　教育の機会は均等でなくては能力のある人材が能力を発揮できず、国民、国にとって大きな損失となる。

　国による上記のような奨学金制度が必要だ。

　教育の機会は均等であるべきだ。

　不公平なく平等に教育の機会があり、知識等を得た国民が能力を発揮することが、個人の幸せ、国の活力となる。

（4）飛び級、落第制度

　今まで託児所による乳幼児教育の公平性、授業料の無償化、奨学金など、教育の機会均等について述べてきた。

　次に、教育は能力に基づいて個人ごとに有効な方法で行うことが、個人及び国家にとって合理的だと考える。

　ここでは、飛び級と落第制度について述べる。

　今の日本では、高校生以下では、戦後の悪平等主義の影響なのか、飛び級や落第がほとんどない。

　大学への早期入学もほとんどない。

　千葉大学工学部、理学部、名城大学理工学部数学科、会津大学は17歳でも入学ができる。

　成城大学英米学科、エリザベト音楽大学は高校2年生から、慶応大学は通信教育課程において半年早く10月からの入学が可能だ。

　このような例外はあるものの、ほとんどの大学では早期入学が認められていない。

　個人の能力にあった教育を行うという点では、もっと飛び級や落第制度があってもいいのではないか。

　義務教育機関以外の高等教育はもちろん、義務教育機関でも

あっていい。

　外国での飛び級や落第に関して述べる。

　イギリスは日本とほぼ似ている。

　アメリカでは、早期入学、学年飛ばしがある。

　ドイツは義務教育から飛び級、落第、早期入学制度がある。

　オランダでは成績と成熟度で判断している。

　落第についてはイギリスは日本と似ているが、その他の国は初等教育も含めて落第制度が多い。

　アメリカはもちろん、その他の国での落第率は、フランスは初等教育で17.8%、中等教育で23.5%、ドイツは初等教育で9.2%、中等教育で14.2%、フィンランドは初等教育で2.4%、中等教育で0.5%ある。

　日本も各人の能力にあった効率的な教育をするには、義務教育期間も含めて飛び級、落第制度を導入し、より実質的で効果のある教育環境とするべきだ。

　教育は大いなる投資なので、年数ではなく習得した内容こそが大事だ。

　わかっている生徒がわかっていることを延々と聞く無駄をなくし、わからないのならわかるまで教えてもらう方が実質的な教育だ。

　ただ、無期限に義務教育期間を延ばすことはできないため、ある年数を超えたら、義務教育を修了する措置が必要だ。

　例えば、後述するように、私が考える新しい義務教育期間を初等学校3年（生後満2歳〜5歳）、中等学校8年（5歳〜13歳）、高等学校4年（13歳〜17歳）の15年制とした場合、各学校の期間で1年ずつの落第を最大とし、その後次の学校に進

ませる。

　つまり、15年間の義務教育が、最大18年間となる可能性がある。

　落第して進学した後、義務教育最終学校である高等学校で、学業が十分習得できないていないと判断して卒業させた場合には、"一般高等修了"とは異なり、例えば"定年高等修了"とする。

　これらの生徒が後述するような上位の資格学校に進むためには、国家の資格試験（今の大学受験資格試験のようなもの）にパスしなければならないとする。

　これも後述するが、義務教育後の資格学校と、資格による就職の制度において、"定年高等修了"でも、義務教育修了は認められるため、その資格だけで就ける職種はあるように資格設定はする。

　義務教育、資格学校、資格による就職については後で詳しく述べる。

(5) 9月から新学期（夏の暑い時期は学年間の休みとする）

　今、日本は4月から3月までが学年となっている。

　日本の季節を考えると不合理だ。

　入学試験が雪の多い冬になり、雪の降る地域の受験生には不利になる。

　一番学習にそぐわない暑い夏が学年の途中にあるというのも適当ではない。

　一番暑い夏を学年またがりの休みとし、受験が季節のいい雪の降らない6月となるように、9月始業、8月終業の学年設定を提案する。

日本も以前は4月からの学年開始ではなかった。

江戸時代はいつでも入学できた。

明治時代は、西洋に倣い9月入学だった。

昭和になり、会計年度や軍隊の入隊届開始を考慮し、4月入学となった。

4月学年開始はそれほど伝統的な習慣ではなかった。

世界の学年開始月を見ると、次のようである。

1月　シンガポール、オーストラリア、ニュージーランド、フィジー。

2月　ブラジル。

3月　韓国、アルゼンチン。

4月　日本、パナマ。

5月　タイ。

6月　フィリピン。

9月　アメリカ、カナダ、イギリス、フランス、イタリア、オランダ、スペイン、ブルガリア、ベルギー、ロシア、トルコ、イラン、モンゴル、エジプト、チュニジア、中国、台湾、ベトナム。

10月　ナイジェリア、カンボジア、セネガル。

南半球で季節が逆の国以外は、欧米をはじめ基本的に9月開始が多いようである。

日本からの留学や外国から留学生を受けることを考えても、9月開始が最適だと思う。

（6）義務教育は15年間

　現在、義務教育は小学校6年、中学校3年の計9年間だが、高校進学率は97％、大学進学率は58％である。

　したがってほとんどが高校まで進学し、半数以上が大学へと進学している。

　つまり、ほとんどの学生が高校教育までは受けている。

　普通科以外の実業系の高校では一般教育を高校2年くらいまで行っていることより、ほとんどの学生が一般科目を17歳まで学習していると考えられる。

　よって17歳まで義務教育期間として、すべての学生が一般科目を学習するようにした方が、教育システムが単純化できるのではないだろうか。

　また親の状況や仕事に左右されないためにも、授乳が終わり、言葉を理解する生後満2歳から学校教育を始める。

　よって義務教育期間は2歳から17歳までの15年間とする。

　そして、後述するように、17歳以降は、今の大学ではなく、資格を取るための資格取得学校への進学という教育制度にする。

　選挙制度の項で記したように、18歳からは成人として選挙権も発生する。

　17歳で卒業し（3回落第すると20歳になってしまうが）、1年間就職か自分の進路を決めて資格学校に通った1年後に、成人になる。

　進路を考える1年間を経て成人とする。その意味でも、17歳で義務教育期間終了というのが妥当である。

　集団生活をし、協調性や社会性を養う初等学校を、満2歳～

5歳の3年間とする。満2歳からの入学ということで入学月は各人で異なるが、卒業は全員満5歳の8月となる。よって、入学から満3歳の8月までは、きっちりしたカリキュラムというよりは、ほぼ自由時間のような感じとなるであろう。

　次にあらゆる分野の基礎を学ぶ5歳から13歳までの8年間を中等学校とする。

　各分野の応用を学び、18歳以降の次に述べる資格学校への架け橋としての13歳から17歳までの4年間を高等学校とする。

　つまり、初等学校3年（生後満2歳～5歳）、中等学校8年（5歳～13歳）、高等学校4年（13歳～17歳）の15年制とする。

　海外の代表的な国について、義務教育の年数を、長い順に次に示す。

　国名の後に、初等教育年数、中等教育年数、高等教育年数、（　）内はそのうちの義務教育年数、の順に記す。

ドイツ　　　　　　4、9、4（13）
ロシア　　　　　　4、5、2（11）
イギリス　　　　　6、5、2（11）
フランス　　　　　5、4、3（10）
オーストラリア　　7、6、6（10）
日本、韓国、タイ　6、3、3（9）
インド　　　　　　8、2、2（8）
シンガポール　　　6、4、3（6）
ベトナム　　　　　5、4、3（5）

　義務教育年数は、調べることができた国で数えると、13年間が7か国、12年間が7か国、11年間が19か国、10年間が34か国、9年間が38か国、8年間が17か国、7年間が15か国、6年間が6か国、4年間が1か国と、9〜10年間が多い。

　また、義務教育が始まる年齢は4〜7歳である。

　最長でもドイツなどの13年間であり、15年制とすると世界最長となるかもしれない。

　しかし、上記のように義務教育開始が2歳と早いことと、教育の重要性を考えると必要な期間であると考える。

　家庭の事情に左右されず、教育を等しく受けるという観点からなるべく早い時期から始め、なるべく長く義務教育はあるべきなので、15年間とする。

　国として教育に投資することは最重要支出である。

（7）　17歳以降は資格学校とする

　現在高校を卒業すると、就職せずにさらに学習する場合は、16％の学生が専門学校、55％が大学に進学している。

　今の大学では教養科目もあり、入学後何年間かはまた高校に毛が生えたような科目が並び、最初は高校の繰り返しのようだ。

　受験を終えた解放感で自由時間を勉強よりも遊びなどに費やすことも多い。

　これは教育としては、合理的ではない非効率的なシステムだ。

　義務教育で一般的で基本的な知識の学習は修了とし、それ以降は、今までのような高校の科目の繰り返しの大学生活ではなく、今後生きていくための知識と技術を具体的に学ぶ明確な目

的を持った資格取得学校であることが望ましい。

　日本で就ける仕事を、義務教育修了（高等学校修了）という資格でできる仕事も含めてすべて資格制にする。

　今のように、会社や官庁の組織に就職するという形態ではなく、すべての職業を資格制とする。

　そして17歳で義務教育を終えた後は、義務教育修了の資格だけでは就けない仕事を希望する場合には、その資格を取得していくための資格取得学校への進学を目指す。

　健康保険などの組合も組織ごとではなく、資格（仕事内容）ごとの組織とする。

　よって資格により、どこの組織（会社や官庁）で働こうと、同じ基本給や仕事内容となる。

　例えば一般事務という資格を取得すると、一般事務組合に所属し、経験や所属組織の評価により、基準基本給からの追加分・昇給分や役職が決まっていく制度にする。

　どの組織に就職するかは、今までと同じように会社や官庁と就職希望者のマッチングとなる。

　こうすると、組織ではなく職種ごとに待遇が決まるため、資格学校で資格を取ることが労働者にとって生活そのものに直結する。

　今のような有名大学に進学する形式的な進路選択とは違い、真剣に進路、つまり取得したい資格を決め、勉強することになる。

　資格学校は、公立学校、あるいは国が認定する私立学校となる。

　基本的に、定員に満たない場合は、希望者は自由に入れるが、希望者が多く、定員を超過する資格学校への入学は試験と

なる。

　資格取得はすべて国家試験のため、学生がその基準を満たさなくては卒業ができず、資格も得られない。

　資格により教育年数は異なる。

　今の教育機関でいえば、例えば医師や法曹の資格は3～4年間、調理師の資格は1～2年間などとなるかもしれない。

　義務教育で一通りの知識を身に付け、あとは職業に就くための資格取得のために勉強するという仕組みの方が、教育と人生の進路が明確になり、各人のモチベーションの観点からも本来の有効な教育となる。

2. 就業機会の平等

仕事は人生を送る上で非常に重要なものだ。

どの仕事に就き、何をするかというのは人にとって大事なことだ。

できるだけ希望に沿い、能力にあったやりがいのある仕事に就き、平等に能力が評価されるように、機会は均等でなくてはならない。

不平等を感じるのは、就職する時、仕事で正当に評価されない時、出産育児の時などだろう。

出身学校による学歴差別や、性別などにより公平ではない扱いを受けたら不満を感じるはずだ。

その中でも、特に女性が出産した時の不公平な扱いはあってはならないが、日本では制度的に十分な保障がない。

教育と同じく、仕事も人生において重要なもので、少なくとも機会の不公平があってはならない。

就職し、仕事を行っていく上で、両親の有無や親族の社会的地位、門地、性別、年齢などによる不平等がない制度が必要だ。

就職をする時の平等としては、仕事を行う上であまり相関がないと思われる要素を制度上排除しなくてはならない。

いわゆる有名大学を出ているか否かのように形式的な学歴主義もその1つではないか。

確かに有名大学を出るか否かは個人の努力による部分も多く、否定すべきことのみではない。

　しかし今の大学の学力は、18歳くらいの時に、決められた内容を理解し、それを使う力をある程度表しているものだ。

　知識を学ぶ力とは、ある程度相関があるとは思うが、特定の仕事との相関はあまりないこともあるのではないか。

　人の能力を推し量るのは、18歳のような若い頃の教科書的な理解力だけではないはずだ。

　人生にはずっと学ぶ時間と機会があり、人が成長する年齢は個人差があり、一定ではない。

　また、教科書的な決まった内容に対する理解力は乏しくても、ある仕事に関しての創造力、思考力に秀でているということもあるに違いない。

　工学部を出てあるいは大学を出ず、営業職について能力を発揮することなどはよくあることだろう。

　つまり学校名や学歴よりも、仕事に直結した資格の取得の有無の方が、特定の仕事に対する適性を、より反映しているに違いない。

　また就職する時には日本に限らず、人とのつながりによるコネが大きな部分を占めている。

　就職の有利や不利が、個人の能力より、運の要素も大きいコネで差がつくことは極力避けられなくてはならない。

　合理性がない根拠による選別をなくす制度が望ましい。

　今までのように、どこの学校を出たかよりも、何を勉強したか、本当にその仕事をしたいのかを重視する就職にしなくてはならない。

　コネや主観的な要素による採用をなるべくなくすようにする。

　今までのような、出身学校による形式的な学歴主義は上記の理由によりあまり合理的ではない。

　コネなどは運に作用され、かつその人の能力を反映している
とは言えない部分が多く、公平ではない。

　今まで述べてきた資格制度による就職の方が客観的で合理的
で、就職する側、採用する側の両方に基準がわかりやすい公平
な制度ではないか。
　仕事をする上では、18歳時の学力で採用するよりは、人生
いつでもがんばれば取得でき、その時の能力を反映する資格制
度の方が、より合理的だ。
　さらに、国語、数学、理科、社会のような一般知識により合
否が決まる大学よりも、その仕事に関する知識や技術を習得す
る資格学校の方が、適性、本人のその仕事に対するやる気の両
面でよほど相関があるだろう。
　選別する上で、より合理的な要素に違いない。
　東大を頂点とした出身学校よりも、何の資格を取ったかとい
う資格制度の方がより合理性がある。
　ある職業に就くには資格学校で勉強し、資格を得るという仕
組みにすれば、卒業大学によって就職の選別が行われるような
不合理がなくなる。
　就職する側のみならず、採用する側も資格の有無で採用基準
が明確となる。
　今よりは主観的な判断が少なくなり、公平な就職になると考
えられる。
　就ける仕事は資格により決まり、会社よりも仕事内容で就職
が決まっていくことは、個人のキャリアパスの構築にも客観的
で合理的なものとなる。
　どの会社に就職するかではなく、仕事内容が重要だ。
　会社に対する依存や忠誠心よりは、個人の能力を磨き、自分

にとってより上位の資格を得ることに注力するようになる。

　個人の能力を磨く指針が明確になり、真の能力主義となる。

　組織の方も、優秀な人物、より専門的な資格をもつ人物に選んでもらえるように、合理的で効率的な労働環境にするように努力するだろう。

　個人にとっても、組織にとっても今よりも努力と効果が相関した合理的かつ公平な仕組みとなる。

　次に、出産に関しての仕事上の不公平もあってはならない。

　多くの人にとって、出産は人生で一番大事なことの1つだろう。

　世界的に出産及び育児休暇は産前2〜6週間、産後2〜14週間となっている。

　育児は人により多様であり、どのくらい休暇を取ったらいいのかは決め難い部分もある。

　授乳は育児に必要であり、育児休暇期間を決める重要な要素となる。

　授乳回数は乳児の時期で変わり、新生児は1日12回以上、3か月までは1日10回くらい、5か月までは1日6回くらい、1年後には1日数回となることが多い。

　よって、少なくとも授乳に関していえば、職場で授乳できる環境がなければ、母親は生後1年半くらいの間は仕事復帰し難いと言えるだろう。

　この時、両親、つまり男女で育児及び育児休暇期間を同じにして、公平な扱いとする。

　そうすれば、出産、育児について男女差が生じなくなる。

　両親、つまり男女両者の休暇期間は同じ長さとする。

　出産・育児休暇は、例えば女性（母親）は産前6週間前〜産

後12か月、男性（父親）は産前出産前後の6週間、産後13か月〜24か月とすると、男女とも、13か月半くらいになる。男女間で出産育児による差が生じない。

　子供は2歳まで両親のどちらかに育てられ、その後義務教育として学校に通いだし、かつ2歳からは両親ともに働き始められる。

　なお、父子、母子家庭の場合は、1人の親が2人分の27か月間、育児休暇を取れることとする。

　もっとも、前述の24時間託児所があれば、働くことを優先するのであれば、希望によりこれより休暇は短くなる。

　子供は前述のように2歳から義務教育を開始する。

　育児休暇期間は、仕事を行っている期間としてカウントする法律を作る。

　復帰後は、出産していない人たちと給料、役職を同等とするように法律で定める。

　これらにより、出産育児休暇による男女間不平等がなくなり、かつ子供を持つ、持たないによる不平等がなくなる。

　両親のどちらかが、仕事あるいは育児に関して犠牲とならず、男女共に仕事に平等に参加できる。

　給料や職位を気にせず、子供を安心して育てられる。

　育児休暇を取った人に対し、子を持たず、育児期間がない人は、自分はずっと働いているのに同じ扱いは不公平だと感じるかもしれない。

　しかし育児休暇中は、給料が出ないという差はつく（この間は、後述のベーシックインカムで生活は保障される）。

　またその期間、育児をしない人に比べ、仕事での経験量は少なくなる。

　その両方で、育児をしない人は仕事上のアドバンテージがあるので、この制度を許容してほしい。

　出産育児は人生の一大事なので、仕事をはじめ、ほかのことが犠牲になる社会であってはならない。
　出産、育児、仕事、どれも人生にとって大事なことだ。
　これらをトータルとして充実した世の中にするためには、以上のシステムは合理的ではないだろうか。
　安心で男女平等な育児休暇制度で、結果として出生率も上がるかもしれない。
　全体的に合理的な仕組みになり、育児、仕事の両方で日本に活力が生まれる。
　以上の施策により、就職時、出産育児時での不平等がかなり解消できるのではないか。

3.　被差別部落問題の解消

　公平なスタートという点で、日本の被差別部落問題ほど理不尽で納得のいかない話はないのではないか。

　ここまで、生まれた家や環境での人生のスタートにおける不公平はなるべくなくすべきだという話をしてきた。

　生まれた時点で、なるべく同じスタートになるべきだということからすると、我が国の被差別部落問題は非合理的で、全くあってはならない。

　馬鹿げた負の遺産で、現在の日本にこの問題がまだ残っていて、根本的な解決が試みられていないとしたら、社会正義、日本国の矜持として情けない。

　これにより就職や結婚で不公平があるとすると、どれだけ絶望と悔しさを与えていることだろう。

　この問題がいまだに残っているのは、その地域及び周辺の地域的な記憶と、戸籍の2点があるからではないのか。

　地域的な記憶については、その地域に思い入れのある人々の了解が得られれば、土地開発整備が行われ、環境が変わっていくことで時間が解決していくのだろうと思う。

　また、戸籍に関しては、前述の個人の尊重の項でも書いたが、古い家族制度の残滓でもある戸ごとの戸籍から、個人ごとのマイナンバーによる国民情報管理に変えれば、この問題は大きく前進するのではないか。

　個人の尊重、及びこの言われなき差別の解決のためにも、制度上できることとして、マイナンバー制度の徹底、戸籍の廃止

が必要である。

第3章
平等な競争（税金を中心に）

　さて、今まで述べたような施策により、公平な人生のスタートがきれたとしたら、次は平等な条件で公正な競争が行われなくてはならない。

　平等な競争をするには、仕事に対する評価、人間関係の有利不利、資金力、各種試験、税金や医療福祉などの社会的サポートなどの平等が担保されていることが必要だ。

　しかし仕事に対する評価、人間関係や資金力のように、各個人や会社レベルの比較的小さなコミュニティーにおける不平等を是正し、平等を法律や公的機関で保障することは難しい。

　制度や法で縛れるレベルではない各組織の歴史、文化に起因する部分が大きい。

　それに関しては各人がより合理的な組織を選択し、いわゆるブラックな組織が淘汰されていくということにより適正化が図られていくしかない。

　また、少なくとも様々な公的な試験は日本においてはチェックが厳しく、比較的公平に行われているのではないかと思う。

　したがって、国、公的レベルで、政治として平等な競争の条件を整えるには、税金や医療、福祉、失業保険などの制度的なものに限られてくる。

　つまり国民からもらう税金と、国民に払う社会保障制度としての医療福祉、年金、失業保険、つまり国の歳入と歳出である「イン」と「アウト」の制度的な平等をできる限り実現することが政治にできることだろう。

　国民に払うもの、つまりアウトに関しての社会保障制度の平等ということについては、最後の章で、セーフティーネットとしてのベーシックインカムに統一するという意見で述べる。

　ここでは、国民からもらう、つまりインに関しての、特に税金と社会保険料の平等の実現について考える。

　税金は社会を公的にデザインするための資金源であり、国民が公平に負担し、徴取されるべきものである。

　ここでは平等な税金の徴収方法について論ずる。

単純で公平な課税

まず、「税金とは何か」について述べる。

その次に「どのような税金制度が適切なのか」の順で述べる。

（1）税の分類

税には税金を負担する人と払う人が同じ直接税と、異なる間接税がある。

直接税には、所得税、法人税、資産税などがある。

間接税には、消費税や関税などがある。

また、どこの役所に収めるかで国税と地方税（都道府県税、市町村民税）がある。

【直接税】

〈国税〉

● 所得税

税率（累進課税）は以下のようになっている

所得1800万円以上40%、900万円以上33%、

695万円以上23%、330万円以上20%、

195万円以上10%、195万円以下5%

● 住民税

● 法人税（事業税は地方の法人税）

● 資産税

相続税…年間110万円までは非課税

　　　　相続額～3000万円15%、～5000万円20%、
　　　　　　　～1億円30%、～2億円40%、
　　　　　　　～3億円45%、～6億円50%、
　　　　　　　6億円～55%
　　　贈与税
　　　　贈与額～200万円10%、～300万円15%、
　　　　　　　～400万円20%、～600万円30%、
　　　　　　　～1000万円40%、～1500万円45%、
　　　　　　　～3000万円50%、3000万円～55%
　　　海外への持ち出し税率
　　　　約20%
〈地方税〉
　都道府県民税と市町村民税がある
　　都道府県：県民税、事業税、自動車税、
　　　　　　　不動産所得税、自動車所得税
　　市町村　：市町村民税、固定資産税、軽自動車税
【間接税】
〈国税〉
　●消費税、酒税、揮発油税、印紙税、たばこ税
　　　たばこ税…1000本あたり都道府県860円、市町村
　　　　　　　5262円。例えばセブンスターは1000本2
　　　　　　　万8000円なので、22%はたばこ税
　●関税
　　　輸入品に対して輸入業者が負担。通関業者が払うため間
　　接税
〈地方税〉
　　都道府県：地方消費税、都道府県たばこ税、
　　　　　　　ゴルフ場利用税、軽油引取税

　市町村　：市町村たばこ税、入湯税

＊2018年、消費税の税収は年約21兆円のため、全売り上げ
　約872兆円の約2.4％のみの課税となっている。
　これは、以下の理由などによると思われる。
　●事業者ごとに、消費税の納付税額が、売り上げにかかる消
　　費税額から仕入れなどにかかる消費税額を引いた額である
　　こと。
　●土地、有価証券、商品券、郵便切手などの譲渡、利子、社
　　会保険医療、社会福祉事業、お産費用、埋葬料、住宅貸付
　　などに非課税項目がある。
　●飲食料品や新聞などの8％軽減税率の項目がある。

　日本の具体的な税収額は、次のとおり。
〈国〉
　64.2兆円−地方交付税16.5兆円−国庫支出金15.3兆円＝
　32.4兆円
〈県＋市〉
　42.8兆円＋地方交付税16.5兆円＋国庫支出金15.3兆円＝
　74.6兆円
〈国〉
　所得54.5％（個人30.9％、法人23.3％〔35兆円〕）
　消費36.8％（23.6兆円）
　資産8.7％（5.6兆円）
　計　64.2兆円
〈県〉
　所得58.8％（個人30.3％、法人25.8％〔12兆円〕）
　消費27.9％（5.7兆円）

　　資産13.2%（2.7兆円）

　　計　20.4兆円

　〈市〉

　　所得46.9%（個人34.7%、法人10.3%〔10.5兆円〕）

　　消費4.9%（1.1兆円）

　　資産48.2%（10.8兆円）

　　計　22.4兆円

→日本の国民所得402兆円に対する税率と社会保険料率の
　ざっくりとした平均をまとめると、次のようになる。

税率25.6%（102.3兆円）

　　所得税13.7%（個人8.1%、法人5.6%）、消費税7.3%、資
　　産税4.6%

　　税金以外の社会保険料率は17.8%（71.1兆円）

　　被保険者及び事業主からの社会保険料として71兆円だが、
　社会保障費として使われている額は、年金50兆円、医療30兆
　円、福祉20兆円の合計100兆円なので、残り約30兆円は、税
　から補填されている（国約20兆円、地方約10兆円）

　　国際的には、国民所得に対する税率、社会保険料率は、次の
　ようだ。

所得税

　　個人7.8〜20.6%（平均13%くらい）

　　法人2.5〜5.1%（平均3%くらい）

消費税

　　5.5〜19.6%（平均15%くらい）

資産税

　1.5〜9.9％（平均4％くらい）
　直間比率　55〜78％：22〜46％（平均58：42くらい）
　税率は国民所得の24.7〜53.6％（平均35％くらい）
　社会保険料の国際平均は12％くらい
→つまり、国際的な国民所得に対する税率と社会保険料率の
　ざっくりとした平均をまとめると、次のようになる。

税率35％
　所得税16％（個人13％、法人3％）、消費税15％、資産税
　4％
　社会保険料率12％

⇒以上、国民所得に対する率でまとめると、次のようになる。

〈日本〉税率25.6％（所得税13.7％〔個人8.1％、法人5.6％〕、
　　　　消費税7.3％、資産税4.6％）
　　　　社会保険料率17.8％
　　　　合計43.4％
〈世界〉税率35％（所得税16％〔個人13％、法人3％〕、消費
　　　　税15％、資産税4％）
　　　　社会保険料率12％
　　　　合計47％

　日本は世界的にみると、税負担が多い方とは言えず、特に消
費税は低いと言える。
　上記のように、税金は国、都道府県、市町村など複数の役所
で徴収される。
　しかも、所得税、資産税、消費税などの多岐にわたる網がか

けられている。

　さらに、たばこ税や酒税のような消費税を取られた上に個別の名目でとられる二重取りの個別消費税がある。

　複雑で、専門家でないと一体自分はいくら取られているのかさえよくわからなくなっている。

　税の申告については、税理士や公認会計士のような専門家の助けが必要で、かつそれを処理する役所も必要だ。

　社会的に多くの稼働をかけないと処理ができていない。

　全体として非効率的で、かつ平等なのか否かさえもよくわからない仕組みとなっている。税の仕組みや、自分がいくら払っているかがわからないと、国民の不満は表面化されづらい。

　課税制度は単純で、各人が少なくとも、いくら払うかがわかりやすい制度であるべきだ。

　収入などにより、税率が多段階になる累進課税については、たくさん稼いだ人がより税金を払うというのは当然としても、税の徴収率の割合までもが多くなっていくのが本当に公平なのかという考えもあるだろう。

　また、その上がっていく税率の割合が、どれくらいが公平なのかは客観的に決められないのではないか。

　これらの観点から、わかりやすい租税制度にするにはどうしたらいいかを考える。

(2)　新しい課税制度

　税金は公平、単純、中立な徴収とすべきである。

　税の公平という考えには、水平的なもの、つまり同じ所得の人には税金を同じ額にすべきという考えと、垂直的なもの、つまり高収入者からより多くとるべきという2つの意味がある。

　垂直的公平は、価値観の違いがあり、税率を決めることは難しい。

　税率を変える累進課税は収入が多い人ほど税率が上がるが、その増えていく税率が妥当なのかの客観的な基準は難しい。どう決めても不公平感が残る。

　また、酒税やたばこ税などの嗜好品で贅沢とされる個別消費税は、税金の二重取りとなり、そもそも公平ではない上に、税制を複雑なものにしている。

　何を嗜好品で贅沢とするのかは主観的なことだ。

　但し、たばこのように、健康上有害と思われるものは、あまり出回らないように最低価格を高く設定したり、消費税を高くする等は必要かもしれない。

　税金は多くの業界にとって死活問題でもあり、利益団体などの圧力で政治的判断により決まることもあり、中立性に疑問があり、合理的でない部分もある。

　さらに、今まで述べているように、日本は細かい公平性を求めすぎて制度が複雑になり、適切に運用されづらくなり、結果として不公平になっていることもある。

　税制についてもこのことが言える。

　利用する国民にとって難解な運用により、あまねく公平とはならない場合があり、結果として不公平な制度になっている。

　細かいことにこだわりすぎて、結果的に利用する国民に選択と集中が起きる仕組みになっている。

　申請から運用までに時間と人手がかかり、多くの人にとって面倒くさい、ハードルが高い、利用しづらい制度となっている。

　制度を単純にして、自分がどのくらい税金を払うのかをわかりやすくし、国民が納得して税金を払うようにすれば、税金に

対する議論がしやすく、意見を反映しやすくなる。

　税金対策に時間と労力をかけるという無駄がなくなり、税に精通した人が節税対策などで得をすることもなくなる。

　管理するための多くの公務員の数を減らすことができ、国民の税金が減る。

　納税状況の調査対象の選定や、徴税のグレーゾーンでの役人の主観的な判断が減り、より客観的な納税となり不公平感がなくなる。

　ほかに、国と地方の複数の役所で税の徴収をしているが、これも不必要に公務員の数を増やしている。

　国（この本で示した出先機関の州）単独で一元的に徴収し、その後、地方に分配するという徴税作業の単純化を行うべきだ。

　現在、徴税職員は国税約5万人、地方税約7万人いるが、7万人分の仕事を減らせる。

　それだけ人件費、つまり税金の支出を減らせる。

　現在、会社は、毎年、国、都道府県、市町村にそれぞれ申告書を出すが、これが国への1か所のみとなり、民間の納税労力が減る。

　また住民税は、個人、法人の所在地で納めるため、主要都市と地方都市で税収金額に格差が生じている。

　国による徴収の一元化により、この不公平も解消できる。

　以上のことを考え、次のように新課税制度を提案したい。

　現在、日本は国民所得に対して、税率25.6％{所得税13.7％（個人8.1％法人5.6％）、消費税7.3％、資産税4.6％}、社会保障料17.8％である。

　つまり、所得に対して、トータル43.4％の税率（税収102兆円、社会保障料71.1兆円）である。

　複雑さを排し、課税は、原則、金や物品の所有者が変わったときにかける。

　つまり利益を得た時のみに、取引をした個人や会社に売買の両方でトータル約30％の課税をかけることを大原則とする。

　後述するように、現在の税収と同じくらいにするには大体30％の課税となるからだ。

　例えば、売買を行った時には、物を売った人にも買った人にも15％ずつの、つまりトータル30％の課税をかける。

　所有者が変わらないものに対してはかけない。

　よって、資産税のほとんどは廃止とする。

　この原則でいうと、今までの税金でいえば、資産税のうち、固定資産税や自動車税は受益時に課税するという考えからは外れる。

　今でも物を持っているだけでなぜ税金がとられるのか根拠がわからず、納得しづらい。

　そもそも所得した時に税金をすでに払っているのに、保有しているだけでさらに徴税されるというのは合理的ではない。理不尽な二重課税だ。

　ただし、固定資産税の中でも相続税や贈与税は、金や物品の所有者が移動し、あげる側の親や親族は利益を得ないが、もらう側は利益を得る。

　本来、「公平なスタート」という考えでは、相続税や贈与税は100％にして、貰えないようにすればいいと思うが、そうすると例えば生前の不法な贈与や海外資産の形成などが行われ、日本全体にとって不利益になる可能性があるため、もらう人だけに税率30％の徴収を行う。

　このやり方だと、トータル30％を利益を得る人だけに徴税するという上記の大原則に一貫して当てはまっており、制度上の矛盾はない。

　受益者が変わり、もらう人はその物に対して今まで税金を払っておらず、今ある一般的な固定資産税のような二重課税には当たらない。

　そして、個別消費税（酒税、たばこ税など）は明らかな二重課税であり、合理的とは言えず公平ではないので廃止する。

　金や物品が動いた時に、利益を得た人からのみ、所得税、消費税、相続税、贈与税などを徴収し、不公平で非合理的な二重課税や、所有者が変わらないときの一般の固定資産税などは廃止する。

　国内の総売り上げは1500兆円くらいである。

　国民総生産＝国民総分配＝国民総消費＝550兆円で、減価償却と間接税を抜き、補助金を加えた国民所得は404兆円だ。

　すべての商取引にトータル30％の課税（物々交換の時も物品には価格をつけて取引し、金、物品両方、つまり売った側、買った側に15％ずつ）とすると、税収121兆円＋α（非課税や減税の特例を認めずすべてに課税）となる。

　さらに、贈与、寄付はもらう側のみが利益を得るためにもらう人が30％、給料ももらう人の給料に30％の課税とする。

　海外への資金や物品の持ち出しも30％の課税とする。

　これは、相手が外国人だと課税対象とはならないし、15％だと国内贈与の30％よりも安くなり、海外で資産形成する可能性が増すために、持ち出し者に対して国内の税率と同じ30％の課税をかけることが制度的に公平であると考える。

　持ち込みにも同様の理由で30％の課税とする。

　ただし、現在、輸出入の関税は、各国との取り決めにより決まっているため、関税30％の大原則を実現するまでには経過措置が必要となるだろう。

　以上の新税制により、すべての税収は、現在の173兆円（現在の税収＋社会保険料）に近づく。

　前述したように、これらの徴税は国が一元的に行う。

　現在、全税収の30％が国の歳入なので、総税金を国：地方＝3：7で分配する。

　以上をまとめる。

　金、物品が動き、所有者が変わったときにお互いに利益を得ると考え、その時に課税することを原則とする。

　よって、所有者が変わらない資産税や、不公平な一律ではない個別消費税や、累進課税は廃止する。

　トータル30％の課税、例えば売買契約なら、売り側（所得税）15％、買い側（消費税）15％の課税を例外なく行う。

　所得、消費、贈与、相続税などの、受け取る側のみが利益を得る場合は受け取る人にすべて30％の課税とする。

　この原則だと、今までのような節税の運用が不可能となり、単純、公平、中立な税制となる。

　原則、所有者が変わらない資産には税金をかけずに、所得税と消費税のみにすると、次章で述べるベーシックインカムへの移行時に、高齢者は、今まで固定資産税を払い、ベーシックインカムをもらっていなかった点が不利だが、種々既存の社会保障でカバーされていたのと、消費税も低かったため、トータルではそれほど不公平ではないと考える。

　その他、上記の課税システムを公平に維持するために、以下

のようなものが必要となる。

○個人ごとの課税…扶養控除などはなくなり、マイナンバーによる各人ごとの課税となる。

○売買がすべて記録されるシステム…日本では年7兆円の税の申告漏れがあるといわれている。売買が記録されないこともありうる現金による取引はなくし、すべてマイナンバー管理による電子マネーとする。当事者同士で現金の授受を行うと、記録されず脱税が可能となるためだ。物々交換も禁止され、適正価格をつけた上で取引を行う。

　個人番号は、生年月日＋通し番号＋男女とする。マイナンバーだけではなく、会社にも個別番号も付与し、会社を含めたすべての金銭授受が記録され、自動的に課税される（個人情報保護の観点から、立法行政府は、国民の名前、住所、家族情報、移転・死亡の情報のみで、あとの情報は、国民府が管理する）。

○宗教法人などの例外をなくす…宗教法人を含めて、法人税を例外なく課す。

　現在、宗教法人には以下の非課税分があり、不公平である。平成29年、全国で宗教法人は約18万あり、政治家は敵に回したくないため、課税の改革は難しいのかもしれない。

- 法人税（国税。所得に対して課税される税）の非課税…宗教法人では、収益事業（販売・不動産・金銭貸付業などで、継続して、事業所を設けて行う事業）に該当しない所得であれば法人税は課されない。例えば、お守り、お札、おみくじには課税されない。
- 法人住民税の非課税（地方税。所在に対しての課税）。
- 固定資産税（境内、境内建物などに対して）の非課税。

- 消費税（葬儀、寄付、回向収入などの宗教活動による場合）の非課税。
- 不動産取得税（境内、境内建物などに対して）の非課税。

　宗教団体が墓苑や出版物を売る場合も、収入に対して低税率ではなく、すべて30％の課税とする。寄付金も非課税ではなく受益者に30％の課税とする。

　宗教法人のみでなく、その他、公共法人（国立大学、地方公共団体、土地開発公社、土地改良区など）や、公益法人（宗教法人のほか、学校法人、社会福祉法人、商工会、商工会議所など）にもあまねく30％課税する。例外を作らない。

　税制を複雑にしない。不公平にしない。

第4章
セーフティーネット

　今まで、公平なスタート、平等な競争について述べた。

　スタートラインをなるべく公平にして、平等な条件で自由に競争し、自分の能力や努力に応じた人生を送るような仕組みとしたい。

　しかし、競争には、勝者も敗者もいる。

　残念ながら敗者、特に大敗した場合も、人間は生きていかなくてはならない。挑戦したうえでの敗北は、再起できるように最低限の保障を国家としてしなくてはならない。

　今まで様々な項で述べてきたように、制度は単純、公平で、すべての人がカバーされなくてはならない。

　その観点から、病気により制限なく高額となる可能性がある医療費は例外として、それ以外の社会保障をベーシックインカムという、国が国民全員に一定金額を配る制度に統合し、国民の生活をカバーするセーフティーネットとしたい。

1．現在のセーフティーネット

　日本のセーフティーネットは、雇用労働（失業保険）、社会保険（健康保険と年金保険）、公的扶助（生活保護）の３つからなっている。

　失業保険、健康保険、年金保険を、何らかの理由で受け取ることができない場合は、最後の砦として生活保護がある。

　非正規労働者、失業者などが対象となる。

　非正規労働者は1985年に655万人（労働者の16.4％）だが、2018年には2036万人（37.3％）に増えている。

　日本のセーフティーネットは、もともと３人に１人が非正規労働者という状況を想定していなかったため、多くの人がセーフティーネットから漏れている。

　OECD28か国中、日本の法定最低賃金の水準は26位と低く、失業保険の受給期間の長さも19位と短い。

　また、他国と比べて医療補助、家賃補助、失業扶助などの社会手当の整備が遅れていると言われている。

　多くの国にはある低所得層に対する家賃補助も、日本には存在しない。

　つまり、社会保険と公的扶助の間の隙間が大きく、これを埋める手当が弱いと言われている。

　生活保護には、次の８種類がある。

　医療扶助（公費負担医療）、生活扶助（衣食費）、教育扶助（被保護家庭の児童が義務教育を受けるに必要な扶助）、住宅扶助（住宅費）、介護扶助、出産扶助、生業扶助（技能習得、運

転免許、高等学校修学費）、葬祭扶助の8種類である。

　生活保護を受けられるのは、身体的、精神的な理由で働けず、親、兄弟、親族から援助を受けられず、世帯収入が最低生活費よりも少ない場合である。

　つまり、働けない、売るものもない、借金もできず、世帯収入が最低生活費（単身者10〜13万円、夫婦15〜18万円、母子家庭19万円など）よりも少ない場合に、給付対象となる。

　基本的に給付者は、持ち家、自動車やバイク、スマホ、パソコン、宝飾品などの贅沢品を持てず、生命保険にも入れない。

　ローンを組めないしクレジットカードも作れない。

　生活費に使える資財力がある場合は、それに相当する金額の範囲内で給付金を返還しなければならない。

　買えるものに制限があり、働いた分保護費が減るというのは、生きがいや労働意欲をそぐもので、今の生活保護制度は合理的な仕組みではない。

　受給された保護金品に対しては租税をかけられることはないし、生活保護費の預金は容認されるものの、制度が複雑で適用に役人の主観が伴う人為的な余地が入る不公平な部分があり、人手もかかる。

　2015年、全国で収入が生活保護支給基準以下は約1300万人（国民の13％）いるが、そのうち212万人（国民の2.1％）のみが実際に保護を受けているので、受給利用率（捕捉率）は約16％で、日本人は、貧困の定義に入っても受給しない人が多い。

　受給者の自殺率は一般人の2倍と言われる。

　実施主体は地方公共団体で、町村は福祉事務所を管轄下に管理していないことが多く、その場合は都道府県知事がこの事務

を代わりに行う。

　扶助費の負担は、国が４分の３、地方自治体が４分の１である。

　支給総額は、2018年で３兆6000億円である。

　受給率は、都道府県では、北海道、青森県、大阪府、高知県、福岡県、沖縄県などが多く、富山県、石川県、福井県、長野県、岐阜県などが少ない。

　2014年７月18日の最高裁で外国人は対象ではないという判決があるが、厚労省通知による準用の対象で、実際は外国人が約７万人受給している。

　在日韓国朝鮮人３万人、フィリピン人１万3000人、中国人5000人などが受給している。

　2011年に大阪で、中国人が外国人登録を認められた直後に生活保護申請を集団で行うという事例が発生し、大阪市はその事実を公表し、問題提起をしたことがあった。

　本来の趣旨と異なり、外国人が日本に押し寄せて、日本人の税金からなる生活保護を受給し、日本国民の損失となるこのような社会正義に反する非合理的なことは絶対に許されない。

　複雑、不公平、無責任で穴がある仕組みは、制度的、法的に正されなくてはならない。

2.　ベーシックインカムの導入

　現在の社会保障（セーフティネット）は上記のように個別に保障があり、複雑かつ細分化している。

　同じ条件でももらっている人ともらっていない人がいるような不公平な面がある。

　申請適用をよく知っている人とそうでない人との間で差がある。

　福祉政策が、あまねく平等にというよりも、結果的に受給者の選択と集中があり、公平性に疑問がある。

　また機械的にルールを適用するというよりも、役所や役人の組織的、人為的な判断による部分があり、公平性、効率性に欠けている。複雑で不公平な保障制度と言える。

　何度も言うように日本のあらゆる制度の特徴であり、構造的な欠点であると思う。

　セーフティーネットの雇用労働（失業保険）、社会保険（健康保険と年金保険）、公的扶助（生活保護）の3つのうち、医療にかかわる健康保険は個人で負えない難病や高額医療もあるため、残さなくてはならない。

　その他の失業保険、年金保険、生活保護の3つに関しては、個別対策的な複雑な保障を一元化して、公平無差別で単純な保障としてベーシックインカムを提案したい。

　ベーシックインカムとは、最低限所得保障として、政府がすべての国民に対して一定の現金を定期的に支給する制度のことだ。

　後述するが、現在の福祉制度での給付金額との整合性と、財源の実現性を考え、「1人10万円」とする。

　現在の制度は、あまねく平等に恩恵を受けるという仕組みではなく、一部の人に対しての選択と集中により社会福祉が適用されているという部分がある。

　このような不平等で複雑な制度を廃止し、公平無差別な定期定額給付とする。

　世帯ではなく個人に、所得や貯蓄や就労の有無も関係なく給付する。

　生まれたばかりの乳児を含め、すべての人に均一に、ここでは毎月10万円を給付することを考える。

　収入に関係なく一律だと、実質的に不公平ではないかという意見もあるが、それらをすべて考慮し、質的に公平にするのは、制度的にも運用的にも人為的な判断が入り、そもそも不可能なことだ。

　制度も複雑になり、運用する上で役人などの数も増えることになる。

　税金を前述のように30％として、稼いだ人からより多くの金額をとるということで、国への税金の支払いで差をつける。

　国民への配分に関しては、単純明快に一律定額（ベーシックインカム）としたい。

　両者セットにして、公平性も担保する社会システムとする。

　単純、明快、なるべく量的にも質的にも公平な仕組みとしたい。

　このベーシックインカムと、一律30％の税制をセットにして、新しい日本の社会システムとすることを提案する。

　教育や就職制度で、人生のスタートをなるべく平等にし、その後、頑張った人ほど働きに応じて儲けることができるという

のが基本だ。

そして、社会の一員として、税金などの社会負担もそれなりに明快な基準で相応に負い、ベーシックインカムで最低限の保障がされる。

これが合理的な社会の仕組みではないだろうか。

ベーシックインカムのメリットとしては、以下のようなものがあると考える。

● 貧困対策（出生直後からすべての人に月10万円支給される）。
● 少子化対策（子供にも月10万円もらえるから。また、将来の不安が解消することにより安心して子供を産める）。
● 雇用の流動性によるブラック企業の淘汰。
● 最低賃金制度を撤廃（企業側のメリット）し、最低限の収入であるベーシックインカムがあるため、フルの仕事に就かなくても、どんな仕事でも何とか生活していける。海外の安い労働力にも対抗できる（産業の空洞化阻止）。
● 最低限の収入があることによる犯罪の減少。
● 地方の活性化（仕事がなくても物価の安い地方で暮らせる）。
● 社会保障の簡素化、行政コストの削減。
● 働いた分収入が増えるため、生活保護と比べ、労働意欲が向上する。
● デフレ克服、景気回復（後に詳しく記す）。
● 自分の趣味、学習に時間を使える。

課題としては以下のようなものがある。
● 個人ごとの支給であるため、マイナンバーの徹底が必要。
● 富裕層への給付は不公平？　→所得税を累進課税ではなく一

律30%とするため、貧富がより広がる？　でも教育などの機会の平等性を保つことを徹底すれば、結果の差異は認めるべき。

- 高額医療の人に対応できない→医療費の30兆円は残す。
- 既存の社会保障の縮小への不安→月10万円もらえるので、後述のように現システムと整合性がある。
- ベーシックインカムも浪費した場合の救済がない→さすがに、そこは自己責任だが、公的機関による管理もありえるか。
- ベーシックインカムを担保にして借金や賭博をする→ベーシックインカムの奨学金返済以外の保証の禁止を法制化する。
- 財源の不安→後述するが、医療費以外の現在の社会保障費と後ほど新しく提案する政府発行紙幣により行う。
- 働かなくてもいいので、物価の安い国への移住、消費の移動→ベーシックインカムは、国内居住の日数に応じて支給。
- 過酷な労働に就く人が減る。労働意欲の減退→月10万円では最低の生活。普通もう少し必要では？　そもそも今後は、機械化、AIなどにより生産効率が上がり、人が働く必要がなくなる？
- 最低賃金の保証がなくなる（労働者の不安）→月10万円は保証されている。
- 現行社会保障制度を受けている高齢者、障害者、高度医療受給者の切り捨て？　→税制で消費税、所得税のみとし、財産税をなくせば、高齢者などの労働弱者には有利となる。現行制度との整合性は、以下に示すように、支給額は変わらない。
- 外国人への給付をどうするか？（納税義務だけになる？）→

　税金30%なので、払っている税金分、つまり収入の30%を
ベーシックインカムとして還元する。つまり約33万円以上
の収入者は日本人と同じく10万円の給付となる。

⇒上記のようにメリットが多いが、デメリットの中では、大き
　く言って次の2つを解決しなくてはならない。

● 既存の年金や生活保護などの社会保障よりも下がらないの
　か？
● 財源はあるのか？

　この2点をクリアすればよい。
　まず現在の社会保障との比較を記す。

○年金…自営業、専業主婦（国民年金のみ）で月5万6000円。
　会社員や公務員（国民年金＋厚生年金）で月14万5000円。
　夫婦で約20万円。これはベーシックインカムとほぼ同額と
　なる。
○生活保護給付額…下記の最低保護水準とほぼ同額がもらえ
　る。
　　　単身者　　10～13万円
　　　夫婦2人だと15～18万円
　　　母子家庭は19万円
　　　さらに子供がいると30万円近く支給されることもある。
　　　どちらのケースも、1人10万円ならほぼ同額もらえる。

　次に財源を考える。
　社会保障費104兆円の中で、医療費（30兆円）以外の社会

保障費74兆円、内訳としては、年金・雇用保険費50兆円、生活保護費3兆円、児童福祉費8兆円、老人福祉費6兆円、社会福祉費7兆円である。

　これらを廃止し、ベーシックインカムの財源とする。

　医療費以外の74兆円の社会保障費を国民1億2千万人に配ると、月6万1000円となる。

　これに次に述べる政府発行紙幣などを付加すれば少なくとも月10万円は可能だ。

　ほかに、複雑怪奇な今までのシステムのために必要だった役人の数を減らすことができる。

　行政の稼働をかなり減らせるはずなのでその減るコストも上乗せできるはずだ。

　次に、政府発行紙幣による財源の根拠を記す。

　経済は、生産力＞通貨量だとデフレ、生産力＜通貨量だとインフレとなる。

　よって、インフレとするためには流通通貨を増やす。

　国民が国債を買う買いオペ、政府の発行紙幣、無利子貸し付け、公共事業や教育や技術開発に投資するなどの財政出動を行うとインフレに傾く。

　逆に、日銀が国債を売る売りオペ、増税を行うとデフレに傾く。

　政府の財政出動に関しては、箱物建設などの1年以内の短期の財政出動は、物に対する需要↑、物の供給↑となるため、物（生産力）＞通貨量の関係が維持されてしまう。

　これに対し、2～3年はかかるインフラ、教育、技術開発などの長期の財政出動は、物に対する需要↑に対し、物の供給→となるため、物＜通貨量となりデフレ脱却ができる。

　つまり、短期よりも長期の財政出動の方がデフレ脱却としては有効だ。

　日本の公共事業は、ここ20年で2分の1以下（15兆から6兆）となったが、これに対し社会保障費は15兆円から31兆円と増えたので、日本の借金は公共事業費ではなく社会保障費によると言える。

　例えば日本の時速80km出せる高速道路は、欧米他国に比べ極端に少ない。このような長期の財政出動が少ないために日本経済はデフレに陥っている。

　現在、通貨法により、政府は、通貨のうち、硬貨は発行できるが紙幣の発行は行えず、日本銀行による国債の買いオペにて日本銀行が紙幣等を発行している。

　国債は年間1045兆円、日銀47％、生保21％、銀行15％、個人1％。

　日銀への47％（約400兆円）は、本来政府と日銀は一体の統合政府とも言え、その中での借金なので、返済する必要はない（永久債化になる）。

　国が通貨が必要な場合は、モラルハザードが起きるため、国債の直接的ファイナンス、つまり国→日銀への国債の直接取引（日銀の買いオペ）は政府の放漫財政、ハイパーインフレを起こす可能性があるため、禁止されている。

　ただし、償還期限が到来したものは国会の議決を経て直接取引できる。

　今は、通貨発行には、国債の間接的ファイナンス、つまり国（政府）→銀行→日銀（買いオペ）が基本である。

　日銀には通貨発行権はなく、負債（国債など）に対して日本銀行券を発行できるだけなので、借金（国債）が増えていく。

つまり負の通貨だ。

国債の年間利払いは23兆円もある。

これに対し、政府は唯一通貨発行権があるため、本来、政府が必要額と署名を日銀にもっていき、政府紙幣を発行してもらえば、国債などの負債が必要なく通貨発行ができるはずだ。つまり正の通貨だ。

しかし、今は通貨法で、政府の放漫財政防止のため、硬貨はともかく、政府紙幣の発行は認められず、紙幣は日本銀行により日本銀行券として発行されている。

現在の金の流れは国債の流れと逆になり、日銀→銀行→国（政府）となり、政府の借金が増え、財政出動が減り、不景気となっていく。

法律を変えて、高額な政府発行紙幣を発行し、通貨の流れを政府→銀行とすれば、財政出動が増え、経済は拡大していく。

通貨がだぶついているプラス金利では、日銀の売りオペか増税が有効となる。

一方、通貨が足りないゼロ金利では日銀による買いオペか政府発行紙幣が有効である。

国債は取引のため暴落などがあり得るが、政府発行紙幣にはこれがない。

日銀による国債の買いオペによる日本銀行券発行、さらに銀行は土地などの担保がないと金を貸さないので、現在のマネーサプライは土地本位制ともいえる。

土地がなくなると、銀行は企業、国民に金を貸さない。

これでは市場に通貨が出回らなくなってしまい、なかなかデフレを脱却できない。

今の日本がまさにこの状態だ。

　そこで、政府が国民に通貨を直接渡せば、デフレは脱却できる。

　これがヘリコプターマネーである。

　現在は禁止されているが、国債の国（政府）→日銀の買いオペの直接的ファイナンスか、通貨法改正により政府発行紙幣にて行う。

　政府発行紙幣は、今のように土地などの担保がなくても発行できる。

　現在は、銀行が実際の預金よりも多くの通貨を動かす信用創造で利益を得ている。

　実質的には銀行が通貨を造り出しているともいえる。

　通貨が銀行内で眠ってしまい、市場に出てこない通貨が増えることがあり、国民に還元されていない。

　よって、ヘリコプターマネーにより、政府が直接国民に通貨を渡す。

　つまり、今の買いオペによる日銀→銀行→国（政府）→企業→国民の通貨の流れから、政府発行紙幣による国（政府）・日銀→国民→銀行→企業という通貨の流れにし、国民に通貨発行益を持たせる。銀行から国民に通貨発行益を移す。

　また、銀行の信用創造を禁止するために、現在1％の銀行の預金準備率を、預金分しか貸すことができない100％にすることも併せて行う。

　ここ50年で、人類の1人当たりのGDPは約3倍になっている。

　つまり、同じ価値を生産するのに3分の1の時間しか要さなくなっているともいえる。

　機械化、デジタル化により、人類はそれほど働かなくても暮

らしていけるようになっている。

　日本人の労働時間もここ20年で10%以上減っている。

　今後、AIの使用などで、より労働効率は上がっていくはずなので、今よりも働かなくても国民所得は維持でき、ベーシックインカムとして配れるはずだ。

　経済全体に占める製造業は7割のため、製造業就業者数は生産力に比例すると考える。

　これが3分の2になったら、生産力は2分の3倍になったということを意味すると考える。

　つまり、経済成長の多くは技術革新によるので、機械化→生産力↑→人の働く場↓となっていく。

　つまり賃金↓→デフレとなっていく。

　このことを考え、行うべき通貨量アップ、つまりベーシックインカムの配分量を計算する。

　1997年から2012年までで、製造業就業者は、1500万人から1000万人になり、名目GDPは、521兆から473兆となった。

　製造業就業者数は3分の2になったので、生産力は1.5倍になったと考える。

　つまり、本来GDPは、521兆×1.5＝781兆となっていたはず。

　しかし、実際は473兆円だったため、781兆—473兆＝308兆、つまり、経年グラフで、横軸15年、縦軸マイナス308兆円の三角形の面積308兆×15年÷2＝2310兆円が、15年間で通貨が足りなかったために物が生産できなかったとも考えられる。

　2310兆円÷15年＝154兆円／年のデフレギャップとなる

（ただし、内閣府は、例えば2020年4～6月のデフレギャップは58兆円／年相当としている）。

　機械化により、この分の通貨が増量していれば、本来もっと生産できたモノの総量とも言える。

　この154兆円と、社会保障費総額104兆―医療費30兆＝74兆円を足すと、228兆円／年となる。

　つまり、単純に考えると、228兆円÷1億2000万人÷12か月＝1人1か月15万8000円（内閣府のデフレギャップの計算では91,000円）のベーシックインカムが可能だったということになる。

　この政策により、景気が良くなってきたら、今までに溜まった国債を返済していく。

　ベーシックインカムを行うことにより、経済を緩やかにインフレに持っていき、景気拡大を図るというメリットも出てくる。

　つまり、政府発行紙幣をベーシックインカムの財源とし、生産力に追いつく通貨量アップを行い、デフレにならないようにする。

　また、グーグルなどGAFAのようなマーケットを制する者に富が集中し、さらに市場への物品供給がより加速されると、通貨が相対的に不足してデフレとなる。

　これらの弊害をなくすための富の再配分という意味も持つ。

　以上、富の再配分、通貨と物品の適正なバランス（景気拡大のための適度なインフレ）を保つ、本来のセーフティーネットとしての施策の3点より、通貨創造の政府発行紙幣と、通貨分配のベーシックインカムの両者を組み合わせた政策を行う。

　ここで、モラルハザードを起こさないための政府発行紙幣額
の設定基準について考える。

　政府発行紙幣、直接的ファイナンスはハイパーインフレとな
る恐れがあるため、政府発行紙幣額の設定をする必要がある。

　これらを元に発行額の上限を決定するのは既に述べたよう
に、金を使って政策を行う当事者である立法行政府ではなく、
国民府の仕事とする。

　発行額は下記のような諸要素を考慮して決められるべきだ。

- インフレ率（インフレターゲットを2%以内の緩やかなイン
  フレとする）や大きい値ほどインフレを示すGDPギャップ、
  つまり、総需要（＝国内総生産〔GDP〕）－総供給（労働力
  や製造設備などから推計）、を見ながら発行量を制限する。
- プライマリーバランスではなく、債務対名目GDP比で図
  る。この考え方により、債務を減らすことだけを目標とする
  のではなく、GDPを増やすことも目標に入れることになり
  適切である。
- 成長率が名目で2%あるいは賃金上昇2%が2年続いたら財
  政出動拡大は止めるなどの歯止めを設定する。
- 均衡財政つまり前年の税収増分は支出に回す。借金返済に回
  すと成長率↓となってしまう。つまり必要な財政出動額＝前
  年の財政出動額＋前年の税収増分＋デフレギャップの推計
  値。

　現時点でのベーシックインカムに対する各政党の意見は次の
ようである。
- 自民党：賛成しない

- 公明党：今後の課題
- 維新の会：基本賛成だが財源確保が課題
- 立憲民主党：どちらともいえない
- 共産党：基本賛成だが、年金、生活保護は継続
- 社会民主党：基本賛成だが、既存の福祉の切り捨ては反対
- 国民民主党：賛成

世界の動向は次のようである。
- スイス：国民投票で否決
- イタリア：2019年、低所得者層への導入
- アメリカ：民主党のアンドリュー・ヤンが主張
- オランダ：2016年、ユトレヒトで試験的に導入
- フィンランド：2018年から2年間試験導入。25～58歳の2000人の失業者を無作為に抽出、残りの失業者17万3000人と比較された。月600ドル（失業手当とほぼ同額。失業保険は職を探していることが条件の上、収入分が減じられるのがベーシックインカムとは異なる）を支給。両者の働いた日数、稼いだ額に差はなかった。ストレスの少なさ、健康と感じる割合、他者への信頼、法制度への信頼、政治家への信頼が、BIを受けたグループの方が優位に高かった（幸福度が増した？）。また、貧困からの脱却、起業の増加、QOLの向上があった。
- カナダ：2017年から貧困者に支給

　このように、ベーシックインカムは世界で普及しているとは言えないが、単純、明快、公平で合理的な施策と考える。
　日本は、複雑で分かりづらく、多くの人手がかかる現行の社会保障を、このベーシックインカムに変更すべきと考える。

最後に

　これからの日本の理想について、あらゆる忖度やタブーを考えず、自由に私見を述べてきた。

　たくさんのことを読んで調べたが、理解して書き、考えて意見を述べた。

　日本は、原理原則がほんわかとしていて、何となく協調性をもって極端なことを言わないし、しない。

　みんなが何となく好感と安心感を持てる、いわゆる変わっていない"常識的"なことや人物が、自然と支持される傾向があるように思う。

　平均的な日本人が本能的、潜在的に周りの同調圧力を感じ、みんなから突出しない感覚で流れている。

　徹底した合理性と効率性を追求することは、直感的に極端だと感じ、「そうは言っても」と感覚的に拒否反応を示すような気がする。

　ここで書いた核保有、日米同盟のいびつさ、徴兵制、中立国、新三権分立、皇室の法人化、宗教法人などへの課税、領土問題、移民問題、夫婦別姓、同性婚、被差別部落問題、税金問題、社会保障問題などについては、一般の日本人は日常ではなるべく触れたがらず、意見を言わず、問題の所在さえも明らかにされず、解決を試みることもされない。

　この本を読み終えた人の中には、こういった面倒なことには関わりたくないと思う人もいるだろう。これらの問題が解決されなくても、自分の生活にそれほど不都合を感じないかもしれない。しかし、中長期的には国民の生活にも影響が出てくるに違いない。

ここで書いたようなセンシティブなことを政治家が言うと、反対派の人たちから攻撃される。

　多くの国民は沈黙し、結局既得権益者と、特定の思想を持った人たちの非難の声だけが突出することになるかもしれない。

　しかし、こういった国の本質的な問題は、評論家や学者が議論することも、話を深化させるためにもちろん重要だとは思うが、実行、解決されるためには、本来、政治でこそ議論されるべきものではないか。

　そもそも今の政治家は、多くの国民が支持する意見をくみ取り、実行していくということこそが、民主主義では、立ち位置だ。

　国民の意見を聞き、多くの人の要望に寄り添っていくのが良い政治家だと思われる。

　よって政治家にとって、こういった本来重要だが賛成、反対があり、意見が分かれる内容については、明確な主張を述べることはしづらい。

　反対派の、時には過激な攻撃を受けることがあるため、選挙を勝ち抜いて支持されてきた政治家ほど、恐らくわざわざ論点とはしないだろう。

　時として合理的よりも合意的な意見が好まれる日本では、決意と勇気をもってわざわざこういったことを発言する政治家は、"過激"、"変わっている"という烙印を押され、恐らく落選する。

　この本は、現在の日本世論に寄り添おうと思って書いたものではない。

　傲岸不遜だと思うが、自分が理想と思うことを述べ、より多くの人に自分の意見を理解してもらいたいと思って書いた。

　だから、多くのいわゆる常識的な人や、国民の票を集め、実際に政治を行ってきた人からは、過激で非現実的な意見と思われ、同じ土俵には乗りたがらないかもしれない。
　その前に、残念ながらこの本は全く売れず、この意見は世間に顧みられずに静かに消え去っていくのかもしれない。
　幸甚にも、より多くの人に読んでいただけることになれば、多分、たくさんの非難と中傷を受けることになると覚悟している。
　この本で書いたことは、どれも日本の根幹にかかわり、本来避けずに一番議論されなくてはならないことだと思っている。

　日本は日米安保さえあればいい、自民党さえ支持しておけば無難で今の生活が維持される、難しいことは誰かがやってくれる、どうせ自分が思うことを言っても、やっても世の中が変わるわけがない、人と違う意見を言うと、時には憎しみを込めた誹謗中傷を受け、時として本来政策と関係ない私生活などについて足をひっぱられることになるし疲れるだけだ、解決しなくてはならない問題でも、世間と摩擦を起こすことは言いたくないし、したくない、……それが普通かもしれない。
　多くの人がそう考える限り、周りの非難を受けることを恐れ、本質的な議論は避けられ、大きな摩擦が起こらない小さな問題についてのみ議論され、小さな無難な解決のみが図られていくだろう。
　多くの人に反対されようとも、実質的で、本来日本にとって、より本質的で合理的な提案と行動を行うことは、利権が絡み、権力者への忖度が多く、横並びを好む日本では莫大な労力、時間、精神力を要するに違いない。
　しかし、日本人は今それをしないと、前例踏襲から抜け出せ

ず、国際的な状況や時代の変化に対応できない。

硬直した、活力と夢と希望がない情熱のない日本は、徐々に失速し、国民の生活も徐々に沈滞したものになっていくだろう。

非合理的で安易で日和見的な選択を打破しなくては、希望と発展の未来はない。

日本人は、近未来で局所的な問題への対応は、技術的、戦術的に優れているが、中長期で大局的な問題については、政治的、戦略的に優れた構想を考え、実行することは比較的苦手ではないだろうか。

日々のことに頑張っても、大きなところで損失を出している。

多くの人が、何の利害もない中立的な立場で自分の頭で考えれば、もっと頑張った人が報われ、活力があり、夢のある日本になっていくはずだ。

こういったことを政治家は、本来、嫌がられても票を失っても国民に対して正々堂々と述べ、国民も正面から受け止め、逃げない政治家を支持する矜持を持たなくてはならない。

そういった政治家が報われるような選挙制度についても述べた。

国民が、いいかげんで腰が引けていると、いいかげんな腰が引けた政治家が選ばれ、いいかげんな腰が引けた国になる。

今回はすべての忖度、恐れを排して、長らく考え、自分が正しいと思うことを書いた。

自分としては精一杯、日本の課題について網羅的に述べたつもりだが、自分でもわかっているが、いつまで経っても浅学非才、勉強知識不足のためなかなか高い見識を得ず、独りよが

り、偏り、過不足がある。私より優秀な人はたくさんいるのも
わかっている。この本で書いたことにも異論はたくさんあるに
違いない。

　しかし、世の中に完璧なものなどあるだろうか。完璧になら
ないからといって、発言せず、行動を起こさないのは正しくな
いと考える。

　私の考えはまだまだ至らず、もちろん、すべて正しいなどと
は全く思っていない。

　先達から見ると、たくさん修正すべきところもあるだろう。
今後、さらなる経験、学習により、違う意見や新しい意見に代
わっていくかもしれない。

　しかし、誰もが不安を抱えながらも、逡巡せず、今一番良い
と思う方法を選択し、生きていかなくてはならない。

　私はこの本でさんざん、日米関係の異常性について述べてき
た。

　ただ、アメリカは国益のために判断実行しているだけだ。

　日本が、国益を戦略的に考え、決断し、実行してこなかった
のが悪い。

　人が悪いのではない。自分が情けないのだ。

　アメリカには留学したこともあり、優越意識、傲慢さに鼻持
ちならない部分があるが、その合理性、勇敢さ、潔さに接し、
自分の非合理さ、哲学のなさ、決断してこなかった人生を感じ
ることもあった。

　最後に、敗戦時の日本の様子と、占領軍のリーダーであった
マッカーサーの発言を引用し、私が感じる日本の本質について
述べたい。

　1946年3月5日、アメリカの教育使節団が来日し、

「日本の民衆は奴隷化され識字率は低いのだろう」と思い、「日本語のローマ字化で識字率が高まる」と考えた。

　15歳から64歳までの国民1万7000人を抽出して漢字の読み書き能力テストを行ったところ97.9％の識字率だった。

　これは、当時のアメリカや世界水準に比較してもかなり高い識字率だった。

　結局、ローマ字化計画は立ち消えとなった。戦後の時点で日本の教育水準は高いものだった。

　1951年4月19日、マッカーサーは、ワシントンD.C.の上下院の合同会議における離任演説で次のように述べた。

「（前略）戦後、日本国民は、近代史に記録された中では、最も大きな改革を体験してきました。見事な意志と熱心な学習意欲、そして驚くべき理解力によって、日本人は、戦後の焼け跡の中から立ち上がって、個人の自由と人間の尊厳の優位性に献身する殿堂を日本に打ち立てました。

　そして、その後の過程で、政治道徳、経済活動の自由、社会正義の推進を誓う、真に国民を代表する政府が作られました。今や日本は、政治的にも、経済的にも、そして社会的にも、地球上の多くの自由な国々と肩を並べています。世界の信頼を裏切るようなことは二度とないでしょう。

（中略）日本ほど穏やかで秩序正しく、勤勉な国を私は知りません。また、人類の進歩に対して将来、積極的に貢献することがこれほど大きく期待できる国もほかに知りません」

　これは、日本人が自分たちについて自負している特徴と一致する発言だろう。

　しかし、一方で、同年5月3日の上院の軍事外交共同委員会では、占領政策に関して日本とドイツの違いを次のように述べている。

「ドイツ人は成熟した人種でした。我ら（アングロサクソン）が科学、芸術、神学、文化において45歳の年齢に達しているとすれば、ドイツ人は同じくらい成熟していました。

しかし日本人は、歴史は古いにもかかわらず、教えを受けるべき状況にありました。現代文明を基準とするならば、我ら（アングロサクソン）が45歳の年齢に達しているのと比較して、日本人は12歳の少年のようなものです。教育を受けている期間とも言え、彼らは新しいモデルに影響されやすく、基本的な概念を植え付けることができます。日本人は新しい概念を受け入れることができるほど白紙に近く、柔軟性もありました。

ドイツ人は我々と全く同じくらい成熟していました。ドイツ人が現代の国際的な規範や道徳を放棄したときは、それは故意によるものでした。ドイツ人は国際的な知識が不足していたからそのようなことをしたわけではありません。日本人がいくらかはそうであったように、ついやったわけでもありません。ドイツ自身の軍事力を用いることが、彼らが希望した権力と経済支配への近道であると思っており、熟考の上に軍事力を行使したのです。

現在、あなた方はドイツ人の性格を変えようとはしないはずです。ドイツ人は世界哲学の圧力と世論の圧力と彼自身の利益と多くのほかの理由によって、彼らが正しいと思っている道に戻っていくはずです。そして、我々のものとは多くは変わらない彼ら自身が考える路線に沿って、彼ら自身の信念でゲルマン民族を作り上げるでしょう。

しかし、日本人は全く異なりました。全く類似性がありません。（後略）」

いろいろと意見があると思うが、文化的、感情的な観点から

はともかく、戦後のマッカーサーの日本に対する理性的な面での見方は的確だ。

　つまり、日本人は、自分より優れていると思っている、特に欧米人から教えてもらい、勉強し、吸収することは得意だが、より大きな問題に対して、根本的、独創的、哲学的に戦略的に、考え、決断し、非難を恐れず信念と勇気をもって断行し、未来を開拓していくことは苦手である。

　今後も、日本人が、論争の少ない、その場しのぎの日和見的な選択に終始していくのか、あるいは、リスクがあってもより将来に希望のある選択を自ら考え、勇気をもって決断し、断行していくのか、日本人は自分の針路を、自ら決めていかなくてはならない。

　非才ながら私は、後者の人間でありたいと思っている。

　我々は、戦争などで打ちのめされても懸命に生きてきた先祖を裏切ってはならない。そして、これから懸命に生きていく子孫に、希望のある環境を残したい。

　多くの人が自分の頭で考え、議論し、結論を出し、行動していくことの積み重ねが、日本、世界を、より合理的な方向へと導いていくのだと思う。

　この本を、できるだけ多くの人がいろいろなことを考える端緒としたい。無関心にならず、そして自ら考え、動いている人を冷めた目で見ないでほしい。

　私は、日本国民全員が、先入観と固定概念なく考え、行動し、今よりもっと希望の持てる、誇りの持てる新しい日本となり、そこからたくさんの英傑が出て、さらに合理的な仕組みを今後も作り続け、より多くの人が自分の人生を燃焼し、後悔なく、全うできる新日本"大和国"としたい。

今までエラそうな意見をたくさん述べてきた。しかし、私は自分でわかっているが、未完成で煩悩だらけの人間だ。

私は医師なので、たくさんの死に接してきた。ほとんどの人が死ぬ時は、何日も前から安らかでうろたえない。

私は不思議でしょうがない。十分納得して、そうなるのかどうかはわからない。私は死ぬことが怖い。

自分は短気で、時として独善的で、ほとんどのことで無力で、情けなく、満たされることが少なく、挫折と無力感の日々で、楽しかったり幸福だったりすることもあまりない。

でも長らく、亡くなっていく人を見ていると、これだけは言える。自分には無理だ、できない、やっても無駄だと傍観者になり陰に隠れ、しらけるのではなく、自分を奮い立たせ、あきらめず、非難されても挑戦し、やってみなくては、結果はどうあれ、自分を誇れない。人生を終えきれない。

人が自分をどう思うかは、誰しも気になるが、それほど重要ではない。結局のところ、本当に自分を尊敬できているかどうかが自分の人生のすべてを決定している。

人生は思ったよりも短い。逡巡している時間はない。

何もしないよりはチャレンジして、たとえ結果はみじめになろうとも、その方がはるかにましな人生だと思いたい。

著者プロフィール

中川 智和 （なかがわ　ともかず）

1963（昭和38）年生まれ。
千葉県出身。
千葉県立千葉高等学校、東北大学工学部卒業。米国ピッツバーグ大学工科大学院修了（M.S.）。
NTT本社課長。
福井医科大学（現福井大学医学部）卒業。
外科医師。
2018年、市長選立候補、落選。
2021年現在、医師（開業医）。既婚。

日本理想未来図　効率的な政府、公平な政治

2021年11月15日　　初版第1刷発行

著　者　　中川　智和
発行者　　瓜谷　綱延
発行所　　株式会社文芸社
　　　　　〒160-0022　東京都新宿区新宿1−10−1
　　　　　　　　　　　電話　03-5369-3060（代表）
　　　　　　　　　　　　　　03-5369-2299（販売）

印刷所　　株式会社フクイン

ISBN978-4-286-23052-8